내 꿈은 공무원이었다

내 꿈은 공무원이었다

초판 1쇄 인쇄일 _ 2008년 8월 15일
초판 1쇄 발행일 _ 2008년 8월 21일

지은이 _ 김정규
펴낸이 _ 최길주

펴낸곳 _ 도서출판 BG북갤러리
등록일자 _ 2003년 11월 5일(제318-2003-00130호)
주소 _ 서울시 영등포구 여의도동 14-5 아크로폴리스 406호
전화 _ 02)761-7005(代) | 팩스 _ 02)761-7995
홈페이지 _ http://www.bookgallery.co.kr
E-mail _ cgjpower@yahoo.co.kr

ⓒ 김정규, 2008

값 9,000원

* 저자와 협의에 의해 인지는 생략합니다.
* 잘못된 책은 바꾸어 드립니다.

ISBN 978-89-91177-61-1 03180

시·흥·토·박·이·김·정·규·비·망·록

내 꿈은
공무원이었다

| 김정규 지음 |

BG 북갤러리

머리말

내 어린 시절 꿈은 공무원이 되는 것이었다

요즘이야 공무원이 젊은이들 사이에 인기 있는 직업으로 각광받고 있지만 내 어린 시절만 하더라도 공무원이라 하면 보통 일반인들에게 가깝거나 혹은 쉽게 목표로 삼을만한 것은 아니었다. 내가 어릴 적 공직에 대한 꿈을 품게 된 것은 아버지와 외할머니의 영향을 많이 받은 것으로 기억한다. 아버지는 형님 두 분, 누님 한 분을 두셨지만 어려서부터 가족을 돌보기 위해 머슴살이 등 몸으로 할 수 있는 일은 안 해본 것이 없을 정도로 고생을 많이 하셨다. 22살에 어머니와 결혼을 하신 아버지는 24살에 나를 낳으시고 이어 모두 6남매를 키우시는 동안 배를 굶주리면서 재산을 늘리셨다.

아버지의 억척스런 삶에 재산이 늘어났지만 매년 농지세 고지서를 받아보시면 늘 억울해 하셨다. 아버지보다 농토가 많은 이장댁과 그 형제들의 농지세가 아버지보다 적게 나온다는 것이다. 어려운 환경에서 억눌려 살아오신 체질 때문에 이장한테 당당하게 따지지도 못하시고 행여나 잘못 뵈면 다음에 더 큰 불이익을 당할까봐 조심스런 마음으로 물어보면, 면에 가서 한 번 알아본다는 정도로 어물쩍 답변을 한 후 결과에 대하여는 알려주지 않아 또다시 물어볼 수도 없어 결국 다른 사람보다 세금을 많이 낸다고 하셨다.

1972년 내가 공직자가 되어 소래면에 근무하고 있을 때 그해에 홍수로 농지세를 면제받았다. 아버지께 말씀드렸더니 매우 기뻐하셨다. 그런데 며칠 후 아버지께서 면제받았다는 농지세가 나왔으니 어찌된 일이냐고 물으셨다. 고지서를 자세히 들여다보니 면에서 발급한 고지서가 아니고 이장이 허위로 만든 고지서였다. 아버지께 사실을 말씀드리고 이장한테 돌려주라고 했다. 내가 면에 근무하고 있는데도 이장이 허위로 고지서를 만들어 세금을 부과했으니 옛날에 오죽 했겠는가.

또 한 번은 아버지께서 1960년대 초 잡초만 우거진 국유임야 5천여 평을 동네분과 같이 개간을 하셨다. 그런데 당시 부락 인근에 수만 평의 공유수면을 개간하려고 외지에서 오신 H 씨가 계셨다. 월남하신 분으로서 북한에 계실 때 면장까지 하셨다고 하면서 인천시의 U 국회의원과 가깝게 지내고 있었다. 공유수면 개간을 하면서 미국으로부터 밀가루를 원조받아 개간사업장 노동자의 임금으로 지급하였다. 주민들은 노동의 대가로 받은 밀가루였지만 밀을 경작하여 방앗간에서 빻아온 거무스레한 밀가루만 보다가 분보다 더 새하얀 밀가루를 집안에 들여놓으니 먹기가 아까울 정도로 신기해하면서 기뻐했다. 당시 일자리도 없었으므로 힘든 일이라도 하여 새하얀 밀가루를 임금으로 받는다는 것은 특혜를 받는 것같이 고맙게 생각할 때다.

그러한 분께서 "국유임야를 당국(부천군)의 허가 없이 개간한 것은 불법이다. 군에서 알고 처벌(벌금)한다고 하니 큰일 나게 됐다."고 말씀하셨다. 당시는 공유수면, 국유림, 심지어 외지인이 소유하고 있는 임야라도 개간하여 농지로 사용하는 것을 장려할 때다. 그러한 상황인데도 그와 같은 말씀을 들은 아버지를 포함, 개간을 한 사람들은 겁에 질려 그분께 처벌받지 않게 해달라는 부탁을 하게 됐다. 물론 그 후 처벌을 받지 않았지만, 그 개간지는 H 씨가 자기 앞으로 불하받았다.

머리말

외할머니는 생활이 조금 나으신 편인데, 딸만 넷 낳으시고 아들을 두지 못하여 아버지가 모시고 계셨다. 그래서 우리 6남매는 아들을 두지 못하신 외할머니 품에서 사랑을 흠뻑 먹으며 자랐다. 하지만 외할머니와 외할아버지 역시 교육을 받지 못하여 일본 치하에서 억울한 일을 많이 당하셨다.

이러한 환경에서 아버지와 외할머니께서는 내가 공무원이 되어 억울한 일을 당하지 않게 되는 것을 일생에 제일 커다란 희망으로 생각하셨다.

훗날 내가 공무원이 되어 도청까지 올라갔고, 시흥시청에서 국장을 할 때 아버지께서는 "옛날에 억울하게 세금도 많이 내고, 개간한 땅을 빼앗기는 억울함을 당했는데 이제 여한이 없다. 대통령 부럽지 않다."라고 한 맺힌 말씀을 자주 하시면서, "어려운 사람들 편에서 올바르고 공정하게 일을 하라."고 말씀하셨다.

두 분의 염원 덕분에 나는 군복무를 마친 1969년 말 부천군에서 시행한 공무원 공개경쟁 채용시험에 합격하여 1970년 1월 20일 소래면에 발령받았다.
내가 공무원이 되는 것을 그토록 염원하셨던 외할머니는 끝내 보지 못하시고 돌아가셨지만 극락왕생하셔서 기뻐하실 것으로 믿는다.

공무원이 된 나는 열심히 일하면서 배웠다. 그리고 항상 주인의식을 잊지 않았으며, 주민 편에서 일을 했다. 사생활도 접었다. 신혼 초인 70년대 중반 첫째인 딸과 둘째 아들을 낳을 때도 산부인과 병원에 가보지도 못했고, 다섯 명의 동생들이 결혼할 때 한번도 참석을 못했다. 그래서 결혼사진에 나는 보이지 않는다. 이같은 나의 처신에 부모님께서는 일이나 잘하라고 오히려 위로와 격려를 해 주셨다.

1980년대 초 반월출장소(안산시)에서 청사관리 업무를 담당할 때 섭씨 30도가 넘어야 냉방기를 가동했고, 동절기에는 5도 이하일 때 난방기를 가동했으며, 공용차량의 운행을 엄격하게 통제했다. 고잔 앞 개간지(일명 재건농장)를 경작주민이 불하받도록 재무부를 내 집 드나들 듯 했고, 기자실에 임대료를 부과했다가 윗분한테 야단을 맞기도 했다.

군포시에 근무할 때는 산본택지 개발지구 내 무단 입주자 단속에 앞장섰다가 고소를 당하기도 했고, 장관님이 개입된 불법 빌라신축을 보도하겠다는 기자와 물의 없이 해결하자고 했으나 뜻을 이루지 못했다.

도청에서는 공무원들의 전화 받는 태도를 밖에서 민원인을 가장하여 점검한 후 그 결과를 도지사가 참석한 회의에서 발표하여 국·과장을 곤란하게 했으나, 이 여파로 전국 공무원들의 전화 받는 태도가 놀라울 정도로 친절하게 됐다. 또한 도민의 혈세로 편성된 예산을 절감했다는 사유로 어이없게도 도의원한테 폭행을 당했지만 끝까지 이를 관철시켰으며, 도정의 주요 시책 추진상황을 현지 확인하여 신랄하게 문제점을 파헤쳐 시정되도록 했고, 시군에서 제공하는 차량편의를 거절하고 대중교통을 이용했다. 미국의 일몰법 제도를 활성화 했고, 모든 시책에 벤치마킹을 실시하여 도정을 한 단계 높이는데 기여했다. 물자와 에너지를 절감하기 위해 문서 발송용 봉투를 두 번 이상 사용토록 했고, 보안성이 없는 용지는 이면지로 활용했고, 각 실국과에서 요구되는 예산을 내 주머닛돈으로 생각하여 꼼꼼히 따져서 불요불급한 예산을 과감하게 삭감했다.

머리말

시흥시에서는 주민의 편의를 도모코자 서울 시내버스(세풍운수)를 유치하기 위해 도청 관련부서와 끈질긴 협상을 하여 성공했으며, 출근시간 30분 앞당기기, 시청 앞 광장 민원인 우선 주차장화, 특근시간 체크방법 개선, 구내식당 음식 남기지 않기 등을 추진했다. 이와 함께 1999년 말 시흥시의 전화 지역번호가 032, 0343, 0345, 02 등으로 난립되어 있는 것을 031로 단일화하는데, 시의회와 여론 형성층 주민들의 반대가 있었지만 먼 장래를 위하여 필히 통일시켜야 한다는 의지를 갖고 끝내 반대하는 의회와 주민들을 설득하면서 과감하게 밀어붙여 통일시켰다. 또한 직원들에게 "모든 민원은 민원인 입장에서 생각하고 처리하라."고 월례회 때와 직무교육을 통해 주지시켰다.

앞에서 언급한 바와 같이 나는 항상 주인의식을 갖고 일하고자 노력했다. 내가 농사일을 할 때 남의 집에 품을 팔러 가면 시간이 왜 안 가는지, 하루해는 왜 그리도 길고, 힘들고 지루하기만 했는데, 우리 집 일을 할 때는 할 일이 많은데도 시간도 잘 가고, 힘도 안 들고, 하루해도 짧게만 느껴졌다. 똑같은 시간인데 왜 그럴까? 여기서 나는 '주인정신'과 '머슴정신'의 심리에서 생긴다는 진리를 깨달았다. 매사를 긍정과 부정으로 생각하는 것과 같다고 비교할 수 있다. 나의 이같은 주인정신과 긍정적인 사고가 훗날 공직에 근무하면서 그대로 나타났다. 그러나 이같은 나의 공직관은 공직사회에서 윗분이나 동료 및 직원들한테 좋은 평가를 받지 못했다.

아마 개인회사에서 이같이 근무하였다면 내 업무의 결과에 대한 평가는 사뭇 달랐을 수도 있지 않나 생각한다. 너무 비하하는 이야기 같지만 대다수 공직사회는 주인 없는 무주공산 같은 분위기가 팽배하다. 예산이 낭비되어도, 아무도 없는 사무실에 불이 밝게 켜져 있어도, 멀쩡한 용지를 재활용 안 해도, 누가 뭐라 할 사람도 없고, 일반 민원인에게는 고압적으로 대하고, 힘있는 사람에게는 지나칠 정도로 친절하게 행동하는 것이 공직사회에 아직까지 존재하는 현실이다. 또한 조직이 너무 비대하여 비만증에 걸린 사람과 같다. 이 모든 것이 개혁되어야 한다. 그러기 위해서는 모두가 주인의식이 있어야 한다. 특히 기관장의 주인의식은 절대 요망된다. '윗물이 맑아야 아랫물이 맑다'는 말이 있다. 하루빨리 모든 공직자가 철저한 주인의식으로 재무장되어 시민들이 마음 놓고 일을 맡길 수 있는 풍토가 조성되기를 바란다. 나는 다시 태어나도 공무원이 될 것이다.

끝으로 보잘 것 없는 글을 쓰면서 제일 염두에 둔 것은 만에 하나라도 본의 아니게 누를 끼치게 될까봐 깊이 고민하였음을 밝힌다. 또한 책이 출판되기까지 도와주신 〈북갤러리〉 최길주 대표와 편집팀에 감사를 드린다

2008년 여름
시흥 소래산 기슭에서 김정규

차례 | CONTENTS

머리말 ··· 4

1 | 시흥 토박이 성장기

소래산에 올라보니 ··· 17
내 꿈은 공무원이었다 ····································· 22
불효자는 웁니다 ··· 25
외할머니와 외할아버지 ··································· 27
소래 갯벌의 추억 ··· 30
아버지의 근검절약 정신 ································· 32
소금장수 아버지 ··· 33
소풍 가던 날 ·· 36
어머니의 산후 조리 ·· 38
중학교 진학 ·· 39
호롱불과 빈 지게 ··· 40
공부에 대한 열정 ··· 42
116 육군병원 ··· 44
외할머니와 씨암탉 ··· 47
울진·삼척 공비 출현 ····································· 48

2 | 공무원 인생 출발하다

면서기로 공직 출발 ·· 51
도로변 청소 ·· 54

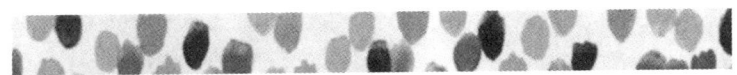

가짜 세금고지서 · 54
쥐잡기 사업 · 57
퇴비 독려 · 58
마을회관과 이장님 소나무 · 59
홍건표 부천시장 · 61

3 | 공무원과 주인의식

부천군으로 영전 · 65
부천시 승격 · 67
김 주사 양주 한 병 넣어주소 · 68
포클레인 면허시험과 노인 · 70
물자절약과 주인의식 · 72
예산계 직원의 애정행각 · 74
군도 285호(신현로) · 76
신천천 개보수 · 78
박정희 대통령 연두순시 · 79
확인평가 업무 · 80
군수님 식사 초대 거절 · 82
백부님 벌목 허가와 보안사 대령 · 83
연탄공장 운영 자금 배분 · 85

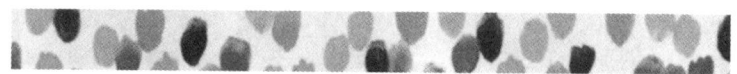

4 | 확인평가 업무 시절

부시장의 거마비 ··· 87
특 설렁탕 ··· 89
여주군 지렁이 활용 사업 ··· 90
화성시 내수면 소득 사업 ··· 92
팔당대교 건설 현장에서 ··· 94

5 | 소신 있는 행정

무더위 속에서 근무 ·· 97
기자실에 임대료 부과 ··· 98
관용차량 운행 거부 ·· 99
재건농장 주민에게 불하 ··· 101
관사 정원 보수공사 ·· 102
수인선 협궤열차 ·· 104
심훈의 상록수 ··· 107
항명 사건 ·· 109
무허가 건물 난립 ··· 113
호화 빌라 철거 ·· 114
곰 쓸개즙과 호화 별장 ··· 116

6 | 해외여행 일기

일본 ··· 119

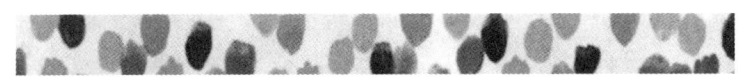

미국, 비행기를 놓치다	122
사막에 세워진 라스베이거스	125
그랜드캐니언	126
디트로이트시 자동차 부품 박람회 참석	127
런던에서 본 로제타스톤	130
스위스의 푸른 밤	131
고대 문명의 도시 로마	134
알프스와 나폴레옹	136

7 | 토박이의 시흥 사랑

성공한 고가도로	139
실패한 터널화	143
시화공단을 시흥공단으로	145
공동구 설치 주장	148
공단 배후도시	148
서울 버스를 시흥시에 유치하다	150
인천-수원간 직행버스 정류장 신설	153
학업의 열정을 다시 불태우고	155
민원인 입장(易地思之)에서 일하라	157
소래고 운영위원	160
소래초등학교	161
가장 가슴 아팠던 일	164

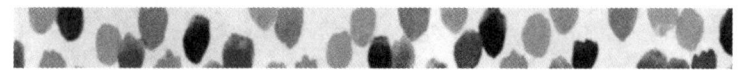

8 | 혁신과 연구의 시절

팀장과 컴퓨터 …………………………………… 169
도민의 혈세(血稅) …………………………………… 172
도의원의 추태 …………………………………… 174
동료 직원들의 항의 …………………………………… 177
전화 친절도 조사 …………………………………… 180
일몰제도 발전 방안 …………………………………… 183
벤치마킹 …………………………………… 190
"이렇게 일하겠습니다" …………………………………… 192
전화 지역번호 천하통일 …………………………………… 201

9 | 인생 후반기

시장과 부시장 …………………………………… 205
도지사님의 결단 …………………………………… 208
도지사님께 혼쭐난 시장님 …………………………………… 210
시장 부인의 전화 …………………………………… 211
시장선거 …………………………………… 214
불명예 퇴직 …………………………………… 215
막내동생의 전화 …………………………………… 217
누명 씌우기 …………………………………… 218
검찰 조사 …………………………………… 221
담당 직원의 진실은(?) …………………………………… 222
사회복지학을 공부하고 …………………………………… 224

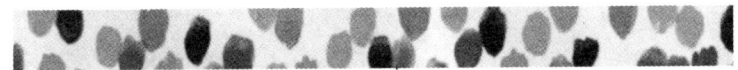

시흥시의 고무줄 행정 ·············· 226

10 | 가족 이야기

제갈량 아내 같은 부인 ·············· 229
애들의 요구사항 ·············· 231
완벽주의 ·············· 232
아이들 교육 ·············· 233
아버지 말씀 거역 ·············· 235
딸아이(은정)의 돌출 행동 ·············· 236

부록 | 언론사에 기고한 글

행정도 '벤치마킹' 시대 ·············· 241
어려운 경제시대에 ·············· 243
효봉 스님과 과거사정리위원회 ·············· 245
한·미 FTA 타결과 농·축·수산업 ·············· 247
'숭례문님' 께 ·············· 253
삼성 특검을 지켜보며 ·············· 254
한반도 대운하 프로젝트 ·············· 256
독도는 우리땅 ·············· 259
혈세가 낭비되는 도로건설 ·············· 261

1
시흥 토박이 성장기

소래산에 올라보니

　　　　　　　　강추위가 여러 날 계속되고 있지만 소래산(蘇萊山)에 오르는 사람들이 적지 않다. 모자를 눌러쓰고 마스크를 두른 채 묵묵히 산을 오르는 사람들은 대부분 40대 이후의 중장년층들이었다. 운동 삼아 평일에도 매일 산에 오르는 사람들이 분명한 듯 다들 빠른 걸음으로 산을 오른다. 나는 천천히 소래산 등산로를 한걸음 한걸음 밟아가며 산을 올라갔다. 몇 달 만에 오르는 산행이지만 소래산과 나는 항상 서로 친근하고 익숙한 느낌을 가진다.

내원사 쪽 남향으로 난 길을 오르며 이따금 발길을 멈춰 서서 칼바람에 부드러운 소리를 내는 소나무 숲을 바라보고, 차갑고 건조한 겨울 햇빛에 반사되는 산중턱 바위를 올려다본다. 저 소나무 숲과 저 바위들은 내가 소래초등학교 다닐 때 소래산을 올랐을 무렵부터 보았던 것들이다. 몇 십 년 세월이 흘러가도 저 나무와 바위들은 묵묵히 소래산을 지키고 있었다. 아니 어쩌면 당나라 장수 소정방이 왔다는 1천 년 전부터 저 숲은 저기 있었고, 1만 년 전보다 더 오랜 옛날부터 저 바위는 저곳에 있었을 것이다.

당나라 장수 소정방(蘇定方)이 소래산 정상에도 올라갔을까 궁금하다. 소래산 남쪽으로 펼쳐진 시흥시의 옛 명칭은 소래이다. 소래산은 생긴 모습이 독특하다. 보는 사람의 위치에 따라 달라 보인다. 동서쪽에서 보면 거북이 등과 같이 밋밋하게 보이고 남북 방향에서 보면 송곳같이 날카롭게 보인다.

소래산에 관하여 가장 그럴듯하게 전해져 내려오는 전설은 소정방 이야기이다. 서기 660년 신라 무열왕 때 나당 연합군이 결성되자 소정방이 백제를 정복하기 위해 50만 대군을 이끌고 중국 산동성 래주(萊州)를 출발하여 서해 덕적도를 거쳐 이곳 소래산 근처까지 와 머물렀다. 소래산은 소정방의 소(蘇)와 래주의 래(萊)자를 합쳐 소래산이 되었다고 한다. 전북 부안에 가면 내소사(來蘇寺)가 있는데 그곳 역시 소정방이 거쳐 간 곳이라고 전해지니 내소사와 소래산은 같은 유래를 지닌 셈이다. 어린 시절 그 얘기를 들었던 나는 소래산을 바라볼 때 갑옷과 투구로 무장하고 말 위에서 큰 칼을 휘두르는 소정방이란 장수를 상상하였다.

산 정상 근처까지 올라가자 찬바람이 더욱 매섭게 불어왔지만 숨이 차오르고 얼굴에서 땀이 흘렀다. 해발 299미터에 불과한 소래산이지만 경사가 가파른 산이다. 군자봉(199미터), 성주산(204미터)으로 이어지는 주변 봉우리들 중 제일 높다. 소래산 정상에 선 나는 마치 당나라 군대 정찰병이 그랬던 것처럼 북쪽 방향 서울시 주변을 한 번 빙 둘러본 후 북풍을 피할 수 있는 남향 쪽 바위 아래에 등을 기대고 서 시흥시를 천천히 바라본다.

멀리 서해 바다와 수평선이 보이고 시화공단에 들어선 회색빛 공장들이 보인다. 월곶 매립지 한쪽에서는 한창 공사 중인 대단지 아파트 건축물들이 보인다. 시화공단과 월곶 주변의 대부분 땅들은 바다와 갯벌이었던 곳이다. 물이 들면 바다였고 물이 나가면 갯벌이었던 곳을 매립해 저렇게 넓은 토지가 되었으니 그야말로 상전벽해라 아니할 수 없다. 월곶 주변 갯벌을 매립할 때는 시내 중심지 산을 깎아 그 흙을 가져다 메우고 그곳에 신도시 아파트촌을 건설하였으니 갯벌 매립과 시흥시 발전

1| 시흥 토박이 성장기

은 함께 해왔다고 말할 수 있다.

땅값이 날마다 오르는 시대를 살고 있으니 개발 이익을 위해 갯벌을 매립하여 공장도 짓고, 아파트도 짓는 추세를 막을 순 없겠지만, 나는 어린 시절 마음껏 뛰어놀던 갯벌이 사라지는 것이 안타까울 따름이다. 갯벌을 메우기 위해 깎아내린 대야·은행동에 위치한 산도 아름다운 야산이었다. 그 산도 그대로 두고 주변을 자연친화적인 주거지역으로 건설했더라면 더 좋았을 것이다.

산에서 시흥시의 모양을 다시 보니 정말 지역의 모양새가 복주머니 모양이다. 산맥 줄기와 구릉들이 지역을 둘러싸고 있고, 바다로 면한 서남쪽 방향으로는 넓은 평지이다. 평지에는 뱀내천, 은행천, 장현천이 하류에서 만나 서해바다로 흐른다. 이런 지형 때문에 시흥은 아무리 큰 비가 내려도 홍수 피해를 겪은 적이 없다. 외부에서 흘러 들어오는 물이 없고, 하천이 여럿 있어 비가 많이 내려도 자연스럽게 바다로 흘러가니 마을과 전답에는 피해가 없었던 것이다.

내가 소래산에 다시 올라 이렇게 고향의 품을 한참 바라보는 까닭은 태어나서 지금까지 살아온 내 고향 땅을 시간 여유가 있을 때 마음속에 다시 한 번 새겨두자 함이 첫 번째 목적이요, 두 번째는 으뜸가는 명당 시흥을 다시 내 눈으로 확인하고 세상

내 꿈은 공무원이었다

사가 아무리 어렵고 힘들더라도 이곳을 결코 떠나지 않도록 스스로 다짐하기 위함이다.

풍수지리학을 배운 적은 없지만, 나는 소래산에 올라 내 고향 시흥시를 바라볼 때마다 바로 이곳이 천하명당의 모양새를 갖춘 지역이라고 생각했다. 주변을 둘러 산등성이가 둘러싸 안온하고 평화로운 지세이며, 서남쪽으로 펼쳐진 평지는 바다를 향해 진취적 기상을 무한히 뻗어나갈 지세이다. 기름진 평지의 농토와 해산물이 넘쳤던 갯벌은 새로운 개발 시대를 맞아 발전을 위한 미래의 다양한 청사진이 펼쳐지기 시작했다.

서울과 인천, 수원 등 대도시로 통하는 교통이 매우 양호한 한편 그곳의 번잡한 공해로부터는 자유로우니 내 눈에는 그야말로 좌청룡 우백호 안에 위치한 명당으로 보인다. 산위에 서있는 나는 겨울 햇볕을 받고, 바닷바람을 호흡하며 시흥시를 한없이 내려다보고 있다.

산을 오를 때처럼 다시 천천히 산을 내려왔다. 산을 내려오다 내가 방송통신대학을 다니던 여름에 올라와 공부했던 산 중턱에 잠시 머물러 본다. 주경야독을 하던 시절 학업에 대한 열정으로 휴가 때면 산에 올라와 공부했던 소나무 숲속 그 자리이다. 벌써 15년 전 일이지만 마치 엊그제 같은 느낌이다. 시원한 숲속에서 공부하다 지루하면 산길을 달려 중턱바위까지 단숨에 올라가 시흥 시내를 바라보고, 공무원으로서 성공을 꿈꾸던 시

1 | 시흥 토박이 성장기

절이다.

소래초등학교를 다니던 어릴 적에는 점심시간 도시락을 먹기 위해 황새 바위까지 올라갔던 소래산을 이제 60대 중반 나이에 다시 천천히 내려간다. 작은 농촌에 불과하던 소래가 시흥시가 되었고, 소래갯벌은 신도시가 되었다. 그동안 많은 것이 변했지만 변하지 않은 것은 소래산뿐이다.

내 꿈은 공무원이었다

나는 어릴 적부터 공무원이 되겠다는 꿈을 가지고 있었다. 1970년에 공무원 생활을 시작해 2004년에 퇴직을 하기까지 "직업을 바꿔볼까?"라는 생각을 한 번도 진지하게 해본 적이 없었다. 주변 사람이 사업을 하여 돈을 많이 벌고, 정치인으로 출세를 하여 권세를 누리고 있어도 나에게는 뜬구름 같은 생각이었다. 나는 공무원으로 일하는 것이 늘 즐거웠고, 그 일이 자랑스럽게 여겨졌기 때문이다.

공무원도 조직 생활이다 보니 때로는 힘들고, 괴롭고, 스트레스로 지칠 때가 왜 없었겠는가마는 그럴 때마저도 내가 하는 일이나 내가 속한 일터 자체를 즐겁게 생각하고 보람을 느꼈다.

농부의 맏아들로 태어난 나는 시흥 땅에 대대로 살아온 조상님과 자연이 가르쳐 준 진리를 굳게 믿고 공무원 생활을 정직하고, 공정하게 했다.

농민으로서 평생 땅만 파고 사셨던 나의 외할아버지, 외할머니와 아버지, 어머니로부터 배운 단순한 교훈은 어릴 때부터 지금까지 내 마음속에 깊게 자리 잡고 있다. 그 교훈은 무슨 일을 하던지 근면성실하게 하면 반드시 그만한 복을 받는다는 단순하지만 변하지 않는 진리였다. 뿌린 대로 거두고, 땀 흘린 만치 거두는 땅이 가르쳐 준 천고의 진리이다.

내가 공무원이 되기를 소망하셨던 외할아버지와 외할머니, 그리고 부모님은 시흥에서 대대로 농사를 지으셨다. 외조부모님은 생활이 조금 나은 편이었으나 다른 사람들처럼 일제와 해방 후 시대를 살아오시면서 불공정한 세금 등 관의 횡포를 극심히 겪으셨다.

그래서 외조부모님들과 부모님께서는 자식들 중에 공직에 몸담을 놈이 꼭 있어야 된다고 생각하셨다고 한다. 자식들 중 하나는 공무원이 되어서 가족은 물론 세상 사람들이 못 배우고 힘이 없어 억울하게 당하는 경우가 없도록 해주고, 정의롭고 공평하게 일을 하는 관리가 되기를 간절히 바라신 것이다. 나는 장인장모님을 모시고 사시는 부모님 밑에 태어난 외손자이자 장남이므로 그분들은 나를 늘 집안의 귀한 기둥으로 생각하시고

1 | 시흥 토박이 성장기

애지중지하셨다.

  외할머니는 먼 친척 중 공직에 있는 분한테 나를 공무원이 되게 해달라고 만나기만 하면 부탁하셨다. 이러한 환경에서 나는 공무원이 되어 깨끗하고, 공정한 세상을 만들어야겠다는 꿈을 자연스럽게 가지게 되었다.

  고등학교를 졸업하고 공무원이 되고 싶은 생각에 동국대 행정학과에 지원해 시험을 보았으나 떨어졌고 차선책으로 하사관학교에 들어가 3군사관학교로 가는 길을 택했다. 그러나 그것도 물거품이 되었다. 논산훈련소에서 훈련받다가 축수염에 걸려 45일간 병원에 입원한 관계로 일반 병으로 변경되어 3년 만에 제대했다.

  1969년 4월 제대 후 농사일을 하던 중 아버지께서 소래면에 임시직으로 근무할 수 있도록 해 주셨다. 이것이 내가 꿈꾸던 공직생활의 시초가 되었다.

  공무원 생활 27년 만에 내가 서기관으로 승진한 후 시흥시청 국장으로 발령받고 일을 하자 아버지께서는 "얘 큰애야, 난 이제 대통령도 부럽지 않다. 내 아들이 내 고향 시흥시에서 국장까지 올랐으니 난 밥 안 먹어도 배부르다 정규야."라고 기분 좋아하셨다. 고위 공무원이 된 나를 보며 좋다고 말씀하시는 아버지를 바라보며 나는 내 평생 꿈은 이미 이뤄졌다고 생각했다.

내 꿈은 공무원이었다

나는 아버지는 물론 돌아가신 외조부모님을 생각하며 그분들 은혜에 깊이 감사하는 마음을 가졌다.

불효자는 웁니다

2004년 10월 15일 나는 시흥시청 현관문을 쓸쓸히 걸어 나왔다. 정년을 불과 1년여 남기고 평생 몸 바쳐 일한 직장에서 불명예 퇴직을 당한 것이다. 징계 사유는 '직권 남용'을 했다는 것이었다. 같은 시청에 근무하는 건축 허가 업무 담당자에게 두 번 전화를 걸어서 문의를 해보았을 뿐인데 이를 '직권남용권리행사방해죄'로 몰아붙인 것이다. 터무니없는 이유로 경찰과 검찰에서 조사를 받았다. 결국 2년간의 법정 소송 끝에 패소하였다. 과거 정치 상황이 혼란스러울 때 정치적으로 악용하던 '직권남용권리행사방해죄'로 공직에서 물러나게 했다. 그러나 막상 짐을 싸들고 정들었던 시흥시청을 떠나오자니 내 마음의 참담함과 허전함이 이루 말할 수 없었다. 기초단체 간부급 공무원이 '직권남용권리행사방해죄'로 처벌 받은 전례가 없었다.

'아…, 나는 결국 이렇게 억울하고 불명예스럽게 물러나는 것인가?' 재판에서 패소하던 날보다도 공무원으로서 퇴직하는 이날의 아픔과 좌절감이 더 깊었다. '34년간 오로지 한길만 걸어온 내가 이렇게 허망하게 나와야 한다니….'

허허로운 마음에 집안으로 들어서 어머니께 인사를 올리고는 "죄송합니다. 어머니…." 라고 말씀드렸다. 어머니는 "아니다…. 고생이 많았다." 라고 말씀해 주셨다. 집사람도 "그동안 수고 많았어요. 이제 집에서 편히 쉬어요." 라고 조심스럽게 나를 위로해 주었다. 집사람의 따뜻한 마음에 긴장이 풀어져 잠시 방안에서 누워있던 나는 다시 일어나 근심스런 표정으로 바라보는 식구들을 뒤로하고 밖으로 나왔다.

나는 외조부모님의 위패가 모셔진 인천 용화사를 찾아갔다.

"할머니, 할아버지…. 정규 왔습니다. 엎드려 인사드립니다. 제가 뜻하지 않은 일로 이렇게 정년을 다 못 채우고 퇴직하게 되었습니다. 불효한 손자를 용서바랍니다…."

나는 법당에 엎드려 절을 올렸다. 내 눈에서는 뜨거운 눈물이 흘러 내렸다. 그렇게 법당에서 한동안 무릎 꿇고 엎드려 있는 내 귀에 "그래, 우리 손자 수고했다. 괜찮다 정규야, 네 잘못이 없음을 내가 잘 안다. 정규야…."라고 인자하게 말씀하시는 외할머니 목소리가 계속해서 들려오는 듯했다.

그로부터 몇 년이 지나는 동안 나는 여행도 하고, 공부도 하고, 사회활동을 다시 하면서 스스로를 위로하고, 상처받은 마음을 달랬다. 비록 내가 하위 직원에게 전화를 걸어 민원처리에 압력을 가했다는 죄목으로 불명예 퇴직을 하였지만, 난 지금도 그 사실을 인정할 수가 없다. 그것은 사실이 아니기 때문이다.

그러나 결과적으로 불효를 하게 되었다. 내가 공직자로서 '직권 남용'에 연루된 사건에 관해서는 뒤에 자세히 언급하겠지만, 그 과정과 결과를 돌이켜 생각해 보면 지금도 억울하기만 하다.

외할머니와 외할아버지

나는 우리나라가 일본에서 해방되던 1945년 8월 경기도 부천군 소래면 방산리에서 태어났다. 조부님의 관향은 김녕이고, 성씨는 김씨, 성함은 장권(長權)이시다. 할머님은 진주 하씨, 성함은 청비(淸妣)이시다. 아버지는 형동(炯同)이시고, 어머니는 박홍신(朴興信)이시다. 나의 13대조께서 이곳에 정착하셨으니 그야말로 '시흥 토박이'이다.

조부님께서는 4남매를 두셨는데 그 중 아버지가 막내셨다. 어머니 역시 시흥 토박이 집안의 막내딸로 태어나셨다. 외조부님 성함은 박영선(朴永選)이시고, 외조모님은 김봉자(金奉子)

이시다. 본가와 외가가 모두 시흥에서 대대로 살아왔기에 일가 친척 관계를 따져보면 아마 나와 같은 조상을 두신 친척들이 많이 살고 계실 것으로 짐작된다.

어머니는 열일곱 살에 스물두 살이시던 아버지께 시집을 오셨다. 그때는 일본이 일으킨 태평양 전쟁이 말기로 치닫고 있었기 때문에 조선의 어린 여성들이 정신대로, 군수 공장으로 끌려가던 경우가 많아 외가 쪽에서 어머니를 서둘러 시집 보내셨다고 한다. 4남매 중 막내였던 아버지는 부모로부터 재산 한 푼 받지 못한 처지라 장가를 들면서 일단 처가로 들어와 살림살이를 시작하셨다고 한다.

외조부모님은 전답을 가지고 농사를 지어 굶지는 않고 살 수 있는 정도였으며 아들이 없이 딸만 넷이 있었기에 아버지가 처가살이를 하시게 된 것이다. 어머니 맏언니는 공부도 했고, 성격도 활달하고 똑똑했고, 형부도 당시 상당한 좌익 인텔리였던 까닭에 6·25때 이북으로 넘어간 후 지금까지 소식을 모른다고 한다.

어머니의 다른 두 언니들도 모두 시집을 갔기 때문에 아버지가 실질적으로는 나의 외조부모님을 모시고 농사일을 하면서 외갓집 일을 도맡아 하시게 된 것이다. 어머니가 첫 아이로 딸을 낳았는데 내가 태어나기 전에 죽었다고 한다. 이와 같이 남자 손이 귀한 집에서 첫손자로 태어났으니 비록 외손자였지만

내 꿈은 공무원이었다

나에 대한 외조부모님의 사랑이 남다르게 특이했다.

지금도 나는 아주 어릴 적에 외할머니, 외할아버지와 함께 지내면서, 얘기했던 여러 일들을 기억한다. 농사일로 항상 바쁘셨던 부모님 대신에 외할머니께서 늘 내게 감자나 고구마 같은 것들을 챙겨주셨고, 혹시라도 동네 형들 중에 나를 울리거나 장난을 치면 끝까지 쫓아가 호되게 혼쭐을 내주셨다. 이런 외할머니, 외할아버지의 사랑과 보호 덕택에 나는 늘 자신감을 가지고 어린 시절을 보낼 수 있었으니 그분들께 감사하지 않을 수 없다.

누구든지 어린 시절 먹었던 것들은 맛있다고 기억하게 마련이지만 배고팠던 그 시절 외할머니께서 주신 군고구마 맛은 잊혀지지 않는다. 할아버지께서도 외손자인 나를 늘 아껴주시고, 사랑하셨는데 지금 생각나는 것은 가을이면 산에 나무하러 올라가셨다가 밤을 주머니에 한가득 넣어가지고 오셔서 내 두 손 가득 주시던 모습이다. 당신도 먹고 싶으셨을 텐데 하나도 안 드시고 항상 손자만 주셨다.

내가 초등학교 2학년 때 외할아버지가 돌아가셨다. 중학교 다닐 때부터 나는 들에 나가서 소꼴을 베어왔고, 겨울에는 저녁에 쇠죽을 쑤었다. 쇠죽을 쑬 때면 나는 아궁이 앞에 앉아 정성스레 불을 때고 불씨들을 더 안쪽으로 밀어 넣었던 생각이 난다. 할머니가 주무시는 방이 더 뜨뜻해지길 바라는 마음에서 그랬다.

 내가 태어난 후 덕규, 왕규, 영순, 영인, 천규 등 동생들을 두어 우리 6남매는 모두 외할머니의 사랑을 흠뻑 받으며 자랐다.

소래 갯벌의 추억

 나는 소래초등학교를 다녔다. 소래초등학교는 우리 집에서 언덕을 넘어 한 참을 걸어가야 하는데 약 4킬로미터 정도 떨어져 있었다. 동네 형들과 또래 친구들은 아침마다 일찍 밥을 먹고 책보를 싸매고는 한집에 모두 모여 다 함께 학교로 걸어갔다. 그 집에 가면 아이들이 여러 명 모여 있었는데, 그 집은 늦게 아침밥을 먹는 경우가 많았다. 아이들은 그 집 윗목에 옹기종기 모여앉아 그 집 식구들이 밥 먹는 것을 쳐다보며 그 집 아이들이 밥을 다 먹은 후 같이 학교에 갔다.

 학교가 멀다 보니 동네 아이들은 갖가지 핑계거리를 만들어 학교를 안가는 날들이 많았다. 산으로 나무를 하러 가는 아이, 소꼴을 베러간 아이, 밭에 일하러간 아이 등 부모들이 일을 시켰기 때문에 학교에 못가는 경우가 자주 있었다. 잔치나 제사 등 동네 행사가 있는 날도 아이들이 학교에 안가는 구실이 되었다.

　학교라고 해봐야 지금 소래초등학교 자리에 땅을 파서 그 위에 천막이나 움막을 만들고 그곳을 교실 삼아 공부했고, 여름이면 나무 그늘 아래 모여 앉아 공부하던, 모든 것이 궁핍했던 시절이다. 그때 열심히 배웠던 것 중 지금도 생생히 기억나는 것은 "아~ 아~ 잊으랴~. 어찌 우리 이날을~." 하고 시작하는 6·25 노래이다.

　여름철에 학교를 빼먹고 놀던 날이나, 방학 때면 동네 형들이나 또래들과 뛰어놀았던 곳이 바로 소래 갯벌이다. 지금은 안쪽 갯벌들은 모두 매립되어서 동네에서 바닷가까지 가려면 먼 거리를 가야 하지만 그때만 해도 동네 바로 앞까지 갯벌이 펼쳐져 있었다. 드넓게 펼쳐진 갯벌에 나가면 조개와 게 같은 바다 생물을 잡기도 하며 놀았다.

　갯벌에서 뛰어놀다 보면 옷에 갯벌 흙이 묻는데 신기한 것은 갯벌 흙은 말려서 털어내기만 하면 흔적 없이 아주 깨끗해진다. 수억 년 전 바다와 육지가 형성되면서 요동칠 때 바닷물에 용해되었던 흙탕이 침전되어 만들어진 갯벌은 입자가 고와 아무리 손으로 만지고 묻히고 놀아도 더럽다는 생각을 해본 적이 없었다.

　근대화로 개발되면서 뛰놀던 갯벌들이 대부분 메워져 농토가 되고 공단부지가 되었지만, 그 자리를 볼 때마다 '갯벌을 그대로 두었으면 얼마나 좋았을까' 하는 생각을 해보곤 한다.

아버지의 근검절약 정신

사실 우리 여섯 남매가 어려운 시절에도 굶지 않고 모두 무사히 잘 자라고 오늘날 잘 살게 된 것은 무엇보다 평생 고되게 일만 하신 부모님 덕택이라고 할 수 있다. 가난한 집안의 막내로 태어나 배우지도 못하고 어릴 때부터 일만 하시다가 결혼할 때도 부모님으로부터 땅 한 평 못 받고 분가했던 아버지께서는 어머니와 살면서 우리 여섯 남매를 잘 키워주셨고, 결혼해 분가해 나가면 각자 살만큼 집도 얻어 주시고 땅도 내주신 분이다.

옛날 분들이 흔히 그랬듯이 두 분 역시 못 배우고 평생 힘든 농사일만 하신 분들이었다. 우리 여섯 남매를 잘 키워주신 아버지와 어머니는 성실함과 정직함의 소중한 가르침을 몸소 잘 보여주신 존경스런 분들이다.

내가 생각하기에 아버지는 참으로 성실하시고 절약정신이 강하신 분이셨다. 내가 10살 때까지도 아버지는 우리 집 농사일만 하신 것이 아니라 남는 시간에는 남의 집 일을 해가며 돈을

버셨다. 해방과 6·25동란을 거치면서 농촌 생활이란 것이 말할 수 없이 척박해 많은 사람들이 고향을 등지고 떠나거나, 투전판을 기웃거리고, 술이나 마시는 등 궁핍하게 사는 사람들이 많았다고 한다. 그런 사람들은 가난에서 벗어나지 못하고 식구들을 굶기기 일쑤였는데, 아버지는 지독하게 근면 성실하신 분이셨다. 새벽 동트기 전부터 시작해서 저녁에 해질 때까지 쉴 새 없이 일을 찾아 하셨다.

아버지께서 하도 열심히 일하시니 외갓집 농사도 잘되었고, 우리 집 식구들은 어려운 시절에도 어느 정도 먹고 살 수 있었으며, 내가 태어날 때부터 우리 여섯 남매들이 태어날 때마다 논이나 밭을 몇 백 평씩 늘려나갔다고 하니 그 당시 경제 상황을 생각해 보면 대단한 일이 아닐 수 없다.

소금장수 아버지

지금은 모두 폐쇄되었지만 내가 자랄 때만 해도 서해안에는 우리나라 대표적 염전 두 개가 있었다. 소래염전과 군자염전이 그것이다. 소래염전이 1930년대에, 군자염전은 그보다 조금 이른 1920년대 초반에 생겼다.

군자염전에는 중국인 노동자들이 대거 들어왔으며, 그 바람에 중국의 천일염 기술이 우리나라에 전파되기도 했다.

소래염전은 1936년에 일본인이 자금을 투자해 처음으로 염전을 조성한 곳이다. 한때는 경기 서부 일원에 소금을 독점적으로 공급했으나, 1996년 천일염 수입 자유화 조치가 이루어지면서 소금 생산이 중단되고, 결국 폐쇄되었다. 이후 시흥시가 기능을 상실한 폐염전을 환경생태형 레저·주거 복합공간으로 개발하고, 자연·생태학습장으로도 활용하고 있다.

소래지역의 폐염전과 공유수면은 수로와 내만 갯벌이 있는 유일한 곳으로, 각종 어류와 조류가 풍부하게 서식하고 있다. 시흥시에는 이곳 외에도 월곶, 포동, 장곡동 일대에도 폐염전이 있다.

내가 열두 살 되던 무렵의 일이 기억난다. 농사일을 하던 중에도 뜨거운 여름철 아버지는 소래염전으로 일을 하러가셨다. 아버지께서 염전에 일하러 가시면 어머니는 아버지께서 드실 점심밥을 광주리에 담아가지고 가셨다. 소래염전은 집에서 빨리 걸어가면 한 시간 남짓 되는 곳에 있었다. 어머니께서 밥을 싸가지고 가시면 나도 어머니 뒤를 따라 같이 가고는 했다.

바닷가 염전에 가면 많은 일꾼들이 얼굴이 새까맣게 탄 채 일하고 있었는데 아버지 역시 소금을 짊어져 나르는 일을 하고 계셨다. 소금밭에서 눈부시게 하얀 소금을 지게에 퍼 담아 멀리 떨어진 배까지 실어 나르는 것이었다. 뭍에서 배까지는 작은 나무다리가 길게 놓여 있었다. 사람들이 소금 지게를 지고 줄줄이 배로 실어 나르는데 땡볕에 소금을 져 나르는 사람들은 내가 보기에도 무척 힘들게 보였다.

어머니와 나는 염전 근처 제방 그늘 밑에서 아버지께서 소금 지게를 져 나르는 것을 보며 일이 끝나기를 기다렸다. 모두들 소금을 지게에 지고 바지선까지 이어진 나무다리를 건너야 되는데 나무다리가 흔들흔들 하고 휘청휘청하는 것이 곧 바다로 떨어질 것처럼 위태로워 보였다.

점심시간이 되자 아버지께서는 어머니와 내가 있는 곳으로 오셔서 밥과 물을 맛있게 드시고 가마니를 깔아놓은 바닥에 드러누워 잠시 휴식을 하신 후 다시 지게를 짊어지고 일하러 가셨다. 아버지는 염전 일을 하면서 품삯으로 소금을 받아와 그것을 모아 소사읍(부천)과 오류동까지 짊어지고 가셔서 파셨다. 그 당시 소금이 귀할 때라 그 판매 수입도 괜찮았던 모양이다. 소금 지게를 지고 나무다리를 힘겹게 건너며 일하시던 아버지 모습은 지금도 생생한 기억으로 남아 가족을 위해 헌신하신 아버지에 대한 감사함이 저절로 느껴지게 만든다.

아버지가 연로하시고 농사일을 못하시게 되자 나는 공무원 봉급날이면 매달 작은 액수나마 용돈을 꼭 챙겨드렸는데, 검소하신 아버지는 그 돈을 한 푼도 쓰지 않으시고 모두 모아 두셨다가 돌아가시기 전 당신의 딸자식에게 건네주셨다.

　이런 아버지를 어릴 적부터 보고 자란 나도 검소함과 절약 정신이 철저히 몸에 배게 되었다. 지금도 나는 음식을 남기는 사람들은 이해할 수가 없다. 직장 생활을 하면서도 나는 내가 근무하는 일터에서부터 철저하게 물자절약 방안을 수립하고 실천하여 이면지 한 장이라도 낭비되는 것이 없도록 노력하였다.

소풍 가던 날

　　　　　　　　　중학교 1학년 봄 소풍 때였다. 1959년이니 그때 소풍이래야 대부분의 학생들이 도시락 하나에 물통 하나 들고서 미산리에서 42번 국도를 따라 안양 유원지까지 걸어가 점심밥 먹고 잠시 놀다 다시 걸어오는 것이었지만 그래도 모두들 신나는 행사였다. 드물게 있는 부잣집 아이들이 김밥이나 사이다를 싸오면 그것은 대단한 먹을거리였던 시절이다.

　지금은 포장도로가 되어 수많은 차들이 달리지만 그때는 포장도 안 된 흙길에 우마차도 드문 시절이었다. 신나게 떠들며 줄지어 걸어가는데 도로 가운데에 삶은 계란 흰자가 줄지어 버려져 있는 것이 보였다. 난 그것들을 보고 눈이 휘둥그레져서 같이 걷던 순규에게 물어보았다.

"야! 순규야, 저게 뭐냐? 웬 삶은 계란이 길바닥에 떨어져 있냐?"

"아, 저거…. 3학년 형이 노른자만 먹고 버린 것이야. 지난해에도 그랬는데, 흰자는 맛없다고 버린 것이래?…."

허 참, 기가 찰 노릇이었다. 삶은 계란을 그냥 길바닥에 버리다니….

난 너무 아깝고 안타까워했다. 나도 잘 알고 있는 그 부잣집 형이 정말 이상한 사람이라고 생각하며 미워졌다. 자기가 먹지 않을 것이면 차라리 다른 애들이나 줄 것이지 왜 버렸는지 이해가 되지 않아서 집에 와서도 그 생각이 머릿속에서 떠나지 않을 정도였다. 소풍 가는 날에도 한반에서 여러 명이 도시락도 못 싸와 다른 친구들과 나눠먹기도 하는데 그런 친구들과 나눠먹으면 참 좋았을 텐데….

아침을 든든히 먹고 도시락도 잘 싸온 나조차 그것을 주워 먹고 싶을 정도였는데, 가난한 집 아이들은 그것을 보고 기분이 얼마나 나빴을까 생각하니 마음이 아팠다. 그렇지만 길가에 그렇게 떨어진 삶은 계란 흰자를 쳐다만 보았지 주워 먹는 아이들은 없었다. 평소 아버지로부터 절약 정신을 철두철미하게 배웠던 나는 음식을 버리고 낭비한다는 것은 상상할 수 없었다. 아버지는 우리 육남매에게 매 식사 때마다 그릇이나 밥상에 밥알 한 개도 버리지 못하게 하셨다.

어머니의 산후 조리

내가 중학교 2학년 때 어머니께서 막내 동생을 낳으신 후 산후 처리가 잘못되어 사경을 헤매고 계셨다. 임신 중에도 제대로 잡수지 못하고 농촌에서 힘든 일만 하시다가 출산을 하셨는데 몸이 허하여 생긴 병이었다. 당시 서울에서 제일 크다고 하는 세브란스병원에 입원하셨다. 어머니가 한 달이 넘게 입원해 계시는 동안 큰 어머니 두 분께서 많이 도와주셨지만 다섯 명의 동생들을 돌보고 거두는 일은 주로 내 몫이 되었다.

동생들을 돌보고 집안일도 하다 보니 학교를 빠지는 날이 많았다. 막내동생에게 분유를 타서 먹여주는 일까지 내가 했다. 집안일을 거두다 보니 중학교 2학년생이던 내가 보더라도 그 많은 농사일과 집안일을 부모님께서만 하시는 것은 너무 힘들어 보였다. 다행히 어머니는 입원 치료 후 병세가 호전되어 집으로 돌아오셨다. 하지만 아버지가 모아놓으신 재산 중 상당

부분이 어머니 병원비와 치료비로 지출되었다.

중학교 진학

소래초등학교 5학년 때 인근의 포리초등학교로 전학하여 졸업한 나는 관내 성산중학교(소래중학교 전신)에 입학하였다. 중학생이 된 나는 여름철에는 소꼴을 마련하는 등 아버지의 농사일을 도왔다.

시골동네 분위기가 공부와 거리가 멀다 보니 중학교에 입학해서도 학업의 중요성을 깨닫지 못했다. 게다가 농사일로 하루 종일 고생하시는 부모님을 보며 장남으로서 공부도 중요하지만 부모님을 도와드리는 것도 중요하다고 생각했다.

소래중학교도 집에서 4킬로미터 정도 떨어진 거리에 있었다. 친구들과 늘 학교를 같이 걸어 다니며 즐겁게 놀았던 기억이 난다. 1년 선배인 김순규와 한 학년 아래인 이지훈과 셋이서 걸어 다녔다.

어느 날 지훈이가 하모니카를 가지고 와 학교를 오가는 길에 불었다. 순규와 나는 지훈이의 하모니카를 무척 부러워하다가 결국 지훈이를 설득해 셋이서 돌아가며 불어댔다. 하모니카는 배우기도 쉽고, 소리도 아름다워, 우리는 학교를 마치고 집으로 가는 길가 나무 밑이나 언덕길에 앉아 한 시간이고 두 시간이고 불면서 놀았다. 그때의 추억이 생각난다.

나는 중학교 2학년 때 학교를 그만두고 말았다. 그 당시 우리 집 전답이 늘어나고, 농사일이 많아지자 일에 대한 부담이 너무 크셨던 부모님께 힘을 쓸 나이가 된 내 일손을 절실히 필요로 하게 되었고, 어머니가 막내 천규를 낳으시면서 산후 조리를 잘못하여 서울 세브란스병원에 입원하셔서 재정적으로 큰 손실이 있었기에 자연스럽게 학교를 그만두고 농사일을 하게 된 것이다.

호롱불과 빈 지게

그렇게 나는 중학교를 중퇴하고 정신없이 농사일을 거들며 2년여 세월을 보냈다. 그러나 나는 공부를 아주 포기했던 것은 아니었다. 아침 일찍부터 저녁까지 하루 종일 일을 했지만 통신강의록을 구해 밤 시간에 틈틈이 중학교 과정 공부를 했다.

중학교를 그만 둔 후 2년쯤 지난 어느 초여름 날이었다. 아버지는 이른 새벽에 일어나 소래포구로 나갈 준비를 하셨다. 밭에서 기른 야채를 수인선 열차를 타고 인천으로 가서 팔기 위해서였다. 우리 집은 논농사 외에 틈틈이 밭농사도 지으며 야채 등 채소류를 서울이나 인천에 내다 팔았다.

내가 아버지를 따라 나선 것은 호롱불을 밝혀 드리는 역할과 소래역에서 빈 지게를 가지고 오는 일이었다. 집에서 소래역까지는 5킬로미터 떨어진 거리에 있어서 한 시간 넘게 부지런히 걸어야 했다. 수원에서 인천을 오가는 수인선 열차는 하루에 세 번 운행하는데, 아침 일찍 인천으로 올라가는 열차를 놓치면 점심때가 되어서야 다음 열차를 탈 수 있다. 그렇게 되면 채소를 내다 팔 수 없기 때문에 새벽 일찍 가서 첫차를 타고 인천으로 가야 한다.

그런데 새벽부터 부지런하게 걸어 나온 아버지와 나는 소래역에 너무 일찍 도착했다. 막 도착해서 보니 그때서야 수원행 열차가 소래포구를 지나 수원으로 내려가고 있었다. 수원행 열차가 지나간 뒤 1시간 정도는 지나야 인천행 열차가 소래역에 도착하게 된다. 아버지와 나는 채소 지게를 지고 역전 근처 염전 창고 처마 밑으로 가서 쭈그리고 앉아 이슬비를 피하며 서로 아무 말 없이 인천행 열차가 올라오기만 기다렸다.

그렇게 한참 동안 기다리니 열차가 올라오는 소리가 들렸다. 아버지께서 짐을 들고 역 안으로 들어가시고 나는 빈 지게를 짊

1 | 시흥 토박이 성장기

어지고 역전 마당을 터덜터덜 걸어 나오는 중이었다. 그런데 거기서 나는 교복을 입은 고등학생들 여러 명을 마주치게 되었다. 얼굴을 보니 나하고 초등학교와 중학교를 같이 다녔던 잘 아는 아이들이었다. 그 순간 난 고개를 숙이고 얼른 역전을 빠져나왔다. 그리고 지게를 메고 집으로 걸어오는 동안 내 자신이 매우 초라하고 부끄럽게 느껴졌다. '저애들은 저렇게 교복입고 가방을 들고 학교에 가는데, 난 새벽부터 지게를 짊어지고 초라하게 걸어가는 구나…'라고 생각하니 비참한 기분이 들었다. 그날 이후 나는 고등학교에 들어가 다시 공부를 해야겠다고 마음먹었다.

공부에 대한 열정

그러나 내 밑으로 동생들이 층층이 초등학교, 중학교를 다니는데 다시 학교에 보내달라고 아버지께 말씀드리기는 쉽지 않았다. 그 말이 입에서 떨어지지가 않았다. 그렇지만 용기를 내어 아버지께 다시 학교를 다니겠다는 말씀을 드리고 고등학교에 편입학하기 위해 서울 서대문에 있는 학원에 통학하며 공부를 했다. 집에서 서대문까지 통학하려면 새벽 일찍 일어나 한 시간 정도를 걸어서 신천리로 나가

버스를 타고 소사로 가서, 소사에서 다시 서울역까지 기차를 타고, 서울역에서 다시 전차를 타거나 걸어서 서대문까지 가는 멀고 힘든 길이었다. 10개월간 학원을 다니고 인천 선인고등학교에 편입학하여 졸업까지 했다.

선인고등학교를 졸업한 나는 동국대 행정학과에 응시했으나 불행하게도 낙방했다. 경쟁률도 경쟁률이었지만, 영어와 수학 실력이 아무래도 부족했기 때문이다. 낙담하여 기운 없이 집에 왔는데 1개월 만에 나를 본 어머니는 "그래 어떻게 되었냐? 대학에 가는 거니?" 하고 물으셨다. 나는 힘없이 "아니요, 보기 좋게 떨어졌어요." 그러자 어머니께서 "아이구, 그거 잘 됐다. 이제 공부할 생각은 그만하고 집에서 농사나 맡아 잘 짓자 정규야."라고 밝은 표정으로 말씀하시는 것이었다. 나는 속으로 어이가 없기는 했지만, 어머니께서 그렇게 말씀하시는 이유를 잘 알고 있었기에 원망스럽지 않았다.

부모님이 무지하여 서러움을 많이 당하셨지만 우선은 농사일을 함께 하는 것이 더 중요했고, 그 다음 동생들이 공부를 잘하여 훌륭하게 성공하면 된다는 생각이셨다. 당시 우리 집은 논과 밭이 많이 늘어나 동네에서는 잘사는 축에 들었기에 부모님께서 나는 동생들을 생각해서라도 농사일 하기를 바라셨다.

116 육군병원

　　　　　　　　　　나는 대학교 시험에 떨어진 후 그해 군에 가게 되었다. 그래서 다음으로 생각한 것이 하사관학교에 가서 군생활을 하다가 3사관학교로 가는 목표를 세웠다. 하사관 시험은 무난히 합격하여 1966년 4월 논산의 훈련소에 입교해 훈련을 받았다. 그런데 훈련 2주째 되던 날 저녁밥을 먹고 내무반에 들어와 병기를 손질하는데 급작스럽게 심한 복통이 왔다. 군기가 바짝 든 훈련병이었지만 아랫배가 찢어지도록 아프고 다리 하나 꼼짝 못할 정도의 통증이 몰려와 정신이 없을 정도이니 바닥에 쓰러져 몸부림쳤다. 내무반 동료들이 다가와 나를 살펴보고, 연락을 받은 조교도 급히 달려왔다.

"이봐, 김정규! 왜 그러는 거야? 어디가 아픈 거야?"

"배가 너무 아픕니다. 아파 죽겠습니다."

나는 동료들에게 업혀 훈련소 응급실로 옮겨졌는데, 거기서 군의관이 진찰하는 것을 보면서 정신을 잃었다. 다음날 깨어 정신을 차리고 보니 병원 침상에 누워있었는데, 그곳이 116 육군병원이라고 했다. 내 병명은 '급성 충수염' 즉, 급성 맹장염이었다. 군의관은 나에게 일단 응급처치를 했지만 곧 수술에 들어갈 것이라고 말해 주었다.

그날 바로 수술을 받았다. 다음날 다시 깨어 정신을 차리고 나서야 '이제 살았구나.' 하는 안심이 되었다. 그런데 문제가 생겼다. 수술 후 곧 낫겠거니 생각하고 병원에 누워있는데 이상하게도 수술한 자리에 통증이 계속되고 멈추질 않았다. 낮이나 밤이나 아파서 끙끙대니 8일째 되어서야 의사가 오더니 수술한 자리를 자세히 살펴보았다. 그리고 하는 말이 수술이 잘못되어 꿰맨 자리에 심한 염증이 생겼다고 말했다. 그러면서 하는 말이 "이봐, 당신은 참 운이 좋았어. 수술한 부위 속에서 염증이 발생했으면 죽게 되었을 텐데, 살가죽 중간에서 발생해 다행이다."는 것이다.

내가 입원한 방에는 다양한 환자들이 있었다. 주로 훈련 중 안전사고로 입원한 경우다.

116 육군병원에서 수술과 재수술, 그리고 회복하는 동안 나는 45일을 병원에 입원해 있었다. 퇴원하여 다시 훈련을 받고 있던 중 대수술을 받은 상태로는 하사관이 될 수 없다고 하여 일반 병으로 바뀌었다. 이것이 내 인생에 커다란 변화를 가지고 올 줄은 몰랐다.

나는 육군병원에 입원해 있는 동안 집으로 소식을 전하지 않았다. 그렇지 않아도 군대에 간 손자를 걱정하는 외할머니와 가족들에게 심려를 끼쳐드리고 싶지 않기도 했지만, 더 중요한 이유는 모내기 등으로 정신없이 바쁜 농사철이라 논산까지 면회를 오가시게 되면 농사일도 못하고 고생을 많이 하실 것으로 알고 있었기 때문이다.

　그런데 나중에 알고 보니 엉뚱한 일이 벌어지고 있었다. 고향 친구로서 중학교도 같이 다녔던 김순규가 나와 같은 시기에 해병대에 지원하여 훈련을 마치고 대구에 있는 행정학교에서 교육을 받고 있었다. 그곳에서 순규는 나와 같이 논산 훈련소에서 훈련을 받던 사람을 만나게 되어 내 얘기를 하였는데 병원에서 죽었다는 말을 들은 것이다. 훈련소에서는 내가 의식을 잃고 병원으로 후송되고 그 후 돌아오지 않자 죽었다고 소문이 났던 것이다.

　그 말은 들은 순규는 너무 놀라고 슬퍼 참으로 가슴이 아팠다고 한다. 순규가 훈련을 마치고 김포에 있는 부대에 배치된 지 얼마 후 휴가를 받아 고향 집에 왔는데 우리 부모님께 인사를 드리자 "자네는 휴가도 오는데, 정규는 아직 아무 소식이 없네. 어찌된 일인지 모르겠네. 혹시, 자네는 무슨 소식이라도 들은 것이 있는가?"라고 물으셨지만, 순규는 우리 가족 누구에게도 내가 죽었다는 말을 할 수 없어 그냥 "잘 있겠지요."라고 안심시켜 드렸다고 했다.

외할머니와 씨암탉

　　　　　　　　　　116 육군병원을 퇴원한 후 남은 훈련을 마치고 강원도 홍천의 한 부대에 배치되고 나서야 집으로 소식을 전했다. 그동안의 사정을 자세히 적어 편지를 보냈는데, 가족들은 한편으로는 크게 놀라기는 했지만 무사하다는 소식에 안심을 하셨다. 그리고 농사일도 잘 되고 있으니 걱정 말고 몸 관리 잘하라는 아버지의 답장 편지가 왔다. 그 얼마 후 1966년 11월경 강원도 홍천에 있는 부대로 아버지께서 인절미와 과일 등 음식을 많이 싸가지고 면회를 와 주셨다. 그날 나는 외박을 받아 아버지와 함께 홍천 읍내로 나갔다. 아버지께서 사주신 저녁밥을 배불리 먹고 여관방에 들어가 편히 자리에 눕자 아버지가 내가 겪은 수술에 대해 물어보셨다.

"애야, 그래 얼마나 아팠냐? 수술한 자리를 한 번 만져나 보자."

그러시면서 내의 속으로 손을 넣어 커다란 수술 흉터를 더듬어 만져보셨다. 내게 차마 옷을 벗고 보여 달라는 말씀은 못하시고, 이불속에서 그렇게 만져보신 것이다. 흉터를 만져보시고 "흉터가 크구나. 많이 고생했겠구나…."라고 조용히 말씀하신 기억이 난다.

아버지께서 다녀가시고 난 후 얼마 지나지 않아 그해 12월에 나는 첫 휴가를 받아 고향집에 갈 수 있었다. 당시 나는 작전과에 근무하고 있었다. 춥고 배고프다고 하는 작전과였지만 다른 부서보다는 비교적 휴가를 일찍 갈 수 있었다.

군에 간지 8개월 만에 휴가를 얻어 집에 가자 나를 제일 반겨주신 분은 역시 외할머니셨다. 집에 도착한 그날 외할머니께서는 기르던 닭들 중 가장 크고 토실토실한 씨암탉 한 마리를 잡아서 주셨는데, 동생들이 모두 잠든 밤에 나를 따로 당신 방으로 불러 먹으라고 하셨다. 나는 할머니의 깊은 사랑이 느껴져 목이 메여가며 할머니가 삶아 주신 닭을 먹던 기억이 난다. 닭이 너무 커서 다 먹지는 못했다. 내가 휴가를 다녀간지 몇 개월 지난 이듬해 봄 외할머니께서 돌아가셨다. 운명하실 때 나를 몹시 찾으셨다고 한다. 할머니께서 극락왕생하시기를 빈다.

울진·삼척 공비 출현

사실 나는 군대 운이 좋아 병과는 106무반동총이지만 작전과에 배속되어 교육, 훈련 계획을 수립하고 예하 부대에서 계획대로 교육과 훈련을 실시하는지 점검하는 행정 업무를 보게 되었다.

내 꿈은 공무원이었다

어느덧 제대를 몇 개월 앞둔 1968년 1월 박정희 대통령께서 거주하시는 청와대를 습격하기 위하여 김신조 일당이 쳐들어온 사건이 있은 후 그해 10월 울진·삼척 지구에 공비가 침투하는 사건이 발생했다. 우리 부대도 공비 토벌을 위해 강원도 하진부 지역에 상황실을 차려놓고 작전을 벌였다. 나는 막사에서 주로 근무했지만, 일반 사병들은 며칠씩 작전을 나가 토벌 작전을 벌이다 주둔지 막사로 돌아왔는데 그 모습들은 비참할 정도였다. 머리며 수염은 봉두난발에 오랫동안 씻지 못해 온몸은 새까맣게 보였다. 사살된 공비 시체들도 하룻밤 사이에 몇 구씩 늘어났다. 한 겨울 산속에서 사살된 그들은 대개 20대 초반의 어린 청년들로 몇 달간 추운 산에서 숨어있다 사살된 까닭에 죽은 들짐승과도 같은 처참한 모습들이었다.

그래도 당시 군 생활 동안 행정병으로 근무하게 되어 고생을 덜해서인지 지금도 그때가 좋았던 것으로 기억한다.

2
공무원 인생 출발하다

면서기로 공직 출발

군대를 제대하고 집에서 몇 개월 농사일을 돕고 있던 어느 날 아버지께서 "면사무소 임시직원으로 취직되었으니 내일부터 소래면사무소에 나가서 일을 하라."고 말씀하셨다. 부천군청에 아버지가 농사일로 알게 된 공무원이 한 분이 계셨는데, 그 분을 여러 차례 찾아가 내 취직 부탁을 하셨던 모양이다. 사실, 군대에서 제대 후 묵묵히 농사일을 하고 있었지만 마음속으로는 꼭 공무원 시험을 볼 생각으로 주경야독을 했던 나는 시험도 안 치르고 면사무소에 나가 일을 하라고 해서 마음이 선뜻 내키지는 않았지만, 일단 면사무소에 출근했다.

일이라고 해봐야 임시직으로 면사무소 여러 잡무를 보조해주는 일들이라 단순한 일이었다. 일을 시작한지 얼마 되지 않아 공무원 일이 역시 내 적성에 잘 맞는다는 것을 알게 되고 기쁜 마음으로 열심히 일을 했다. 그해 8월부터 일을 했는데 문제는 임시직이라 12월 말일까지만 면사무소에 근무할 수 있다는 것이었다. 계속 면사무소에 근무하려면 공무원 시험에 정식으로 합격해야 된다는 것이다. 나는 속으로 '차라리 잘됐다.' 라고 생각하고 면사무소에서 일하고 퇴근한 이후에는 9급 공무원 시험 공부에 열중했다. 그 결과 그해 11월에 공무원 시험에 합격하였다. 시험에 합격한 날 나도 무척 기뻤지만, 부모님은 마치 내가 고등고시라도 합격한 것처럼 기뻐해 주셨다.

그 당시 부천시 공무원들의 초임 근무지는 대부분 현재의 옹진군 섬 지역이었다. 그런데 내가 공무원 시험에 합격하자 마침 소래면에 결원이 있었고, 고향이 소래면이었던 나는 그곳으로 발령을 받았다. 12월 말까지 임시직 일을 하고 새해 1월 2일부터는 정식 발령을 받아 면에 출근하려고 생각했는데 군청에서 발령 절차가 늦어졌다. 그렇지만 나는 발령이 안 났어도 1970년 1월 2일 새해 첫 근무일부터 면사무소에 출근하여 일을 했다. 발령도 안 났는데 새해 첫날부터 출근해 이것저것 일을 하자 직원들은 날 보고 발령이 나면 출근해도 된다고 말했지만, 나는 집에 있는 것보다 출근해서 하나라도 더 배우면서 일하는 것이 즐거웠다. 그렇게 한 20일쯤 지난 1970년 1월 20일 나는 소래면 총무계로 발령이 났다. 내 꿈이 이뤄진 것이다. 돌아가신 외할머니께서도 기뻐하실 것이라고 생각했다.

집에서 소래면사무소까지는 약 4킬로미터 되는 거리라 나는 걸어서 출퇴근을 하였다. 비록 면서기에 불과했지만 꿈과 희망이 넘쳤기에 소래면의 구석구석 일을 찾아내 열심히 즐겁게 일을 하였다. 일을 하다 보면 늦어지는 날이 많았는데 집에 가지 않고 숙직실에서 자고 일어나 다음날 또 일을 했다. 한 달이면 열흘 이상을 숙직했던 것 같다. 숙직은 직원들이 돌아가면서 하는데 다른 사람들은 숙직하기를 싫어했기 때문에 내가 다른 직원들의 숙직을 대신 해주는 날이 많았다. 사실 겨울철에는 찬바람을 맞으며 집으로 걸어가는 것보다 뜨뜻한 숙직실에서 밀린 일도 하고 공부도 하면서, 쉬는 것을 나는 더 좋게 생각했다.

도로변 청소

소래면에는 경찰청 전용 사격장이 있었다. 매년 10월 21일 '경찰의 날'이면 내무부 장관이 내려와 경찰의 날 행사도 갖고 사격도 했는데, 그때가 되면 며칠 전부터 면 직원 모두가 동원되어 도로 주변 청소 같은 잡일을 했다. 발령 첫해 10월 초 나는 수인 국도변에 동료들과 함께 나가 도로 주변과 도랑의 잡초나 쓰레기를 제거하는 작업을 하고 있었다. 열심히 일을 하니 옷에 흙이 묻어 더러워지고, 몰골도 형편없이 보였나보다. 사격장 근처에 사시는 어른들 몇 분이 도로 옆을 지나가다가 일을 하는 우리를 쳐다보며,

"면서기들 참 고생 많이 해. 저렇게 도랑에서 쓰레기나 줍고…. 난 내 딸들은 공무원한테 시집 안 보내."라고 말하는 것이 귀에 들렸다.

사실 당시 말단 공무원은 인기가 없는 직종이었다.

가짜 세금고지서

소래면에서 근무한지 2년째

되는 여름 무렵이었다. 그해 전국적으로 비가 많이 와서 소래면 지역의 농작물 피해가 컸다. 우리 집 논도 피해를 입었기에 아버지께서 걱정이 많으셨다. 그때 소래면에 같이 발령을 받은 홍건표란 직원이 세무행정 업무를 담당하고 있었다. 이 사람이 현재 경기도 부천시장으로 재직 중인 그 홍건표 시장이다. 나이도 동갑이고 공무원 동기라 친하게 지내는 사이였다. 나는 홍건표에게 홍수로 농작물의 피해가 심각하다는 얘기를 하면서 감세 요청을 했다. 건표 씨는 현지 확인을 통해 피해가 심각한 것을 목격하고 그해 농지세를 감면해 주었다. 나는 이러한 사실을 아버지께 말씀드렸다.

아버지께서는 억울하게 남의 세금까지 내던 시절이 있었는데 이제는 정당하게 세금을 면제까지 받게 된 것을 매우 기쁘게 생각하셨다.

그러나 그 며칠 후 아버지께서는 내게 "얘야, 이것 봐라. 올해 농지세가 감면되었다고 네가 말했잖니? 그런데 이렇게 세금고지서가 나왔다. 어떻게 된 것이냐?"라고 불만스러운 표정으로 말씀하시는 게 아닌가. 당황하며 그 세금고지서를 받아 보니 정말 농지세 세금 통지서였다. 도대체 어떻게 된 일인가 의아해하며 통지서를 자세히 보니 무언가 이상한 느낌이 들었다. 아니나 다를까 그 고지서에는 직인도 희미하고, 글씨체와 내용이 면에서 발행하는 것과 달랐다. 세금 고지서 용지에 누가 임의로

2 | 공무원 인생 출발하다

내용을 기입한 위조된 세금 고지서였던 것이다.

"이거 가짜 고지서입니다. 그러니 이장님께 가지고 가서 한 번 물어보십시오."

아버지는 반신반의 하면서 이장님 댁에 찾아가 고지서를 보여주며 물었다.

"아니, 이봐요 이장님. 이거 우리 아들이 그러는데 세금 통지서가 잘못되었다고 그러는데 어찌된 일이지요?"

그 말씀에 이장님이 무척 당황해 하면서 "아~ 이거 잘못됐네요." 하고는 얼른 그 고지서를 받아들고 "미안하게 됐습니다. 세금 안내서도 됩니다." 하면서 집 안으로 들어갔다는 것이다.

퇴근 후 집에 돌아와 아버지로부터 그 말씀을 듣고 나는 참으로 기가 막혔다. 이장님과 이 서기가 문서를 조작해 허위 고지서를 만드니 한심하다는 생각이 들었다. 그렇지 않아도 아버지께서는 그 전부터 다른 집들보다 더 많은 세금이 부과되는 것에 대해 의아해 했던 적이 여러 번 있었다. 이장님과 아버지는 서로 잘 아는 사이였다. 이장님 집은 그 전부터 부잣집이어서 아버지께서는 젊은 시절에 그 집 일을 많이 해주고, 밥도 많이 얻어 드셨다고 했다. 이장님이 아버지보다 두세 살 아래였는데 집이 부자였고, 중학교까지 다녔기 때문에 이장 일을 보고 있었다.

내가 면사무소에 공무원으로 재직하고 있다는 것을 알면서도 그런 위조된 문서를 던져주고 세금을 거두어 가려 했으니, 참으로 한심하다는 생각이 들었다.

쥐잡기 사업

공무원으로서 햇병아리 시절 나는 온갖 다양한 일을 해 보았다. 1970년대 초 '우리도 한번 잘살아 보세' 하면서 새마을 운동이 일어나던 때였다. 상급 관청에서는 여러 가지 지시와 명령이 면단위까지 하달되었는데 그 중 기억나는 것이 쥐잡기 사업이다.

지금은 그 많던 쥐들이 모두 어디로 숨었는지 농촌에서도 보기 힘들어졌지만 그 당시는 집집마다 쥐가 들끓어 집안 곡식을 훔쳐 먹고, 전염병도 퍼트려 나라에서 해마다 대대적으로 쥐잡기 운동을 벌였다. 면사무소를 통해 마을의 각 집집마다 쥐약이나 쥐덫을 지원해주고 쥐잡기를 독려했다.

쥐잡기 운동이 시작되면 도나 군에서는 면사무소 직원들에게 많은 쥐를 잡도록 장려했다. 면장님은 마을별로 담당자를 할당하여 쥐잡기 운동을 지도하도록 하고, 잡은 쥐들을 면사무소로 모아오도록 지시했다. 면직원들은 마을에서 가져온 죽은 쥐들을 뒷마당에 모아놓고 사진을 찍어 상급 관청으로 올려 보내 쥐잡기 실적을 증명해야만 했다. 그러나 그냥 쌓아서는 죽은 쥐들의 숫자가 너무 적었다. 그래서 직원들이 흙을 높이 쌓아 놓고 그 겉에 쥐들을 얹어놓아 많이 잡은 것처럼 보이게 하여 그 사진을 찍어서 올려 보냈던 것이다.

그런 사진들이 가끔 지방신문에 '쥐잡기 성공 사례'라고 하여 보도되기도 했다. 그렇게 많은 양의 쥐를 잡는다는 것은 어려운 일인데도 다들 경쟁적으로 쥐잡기를 실시하니 나도 덩달아 쥐를 잡아다 올려놓기도 하였다.

퇴비 독려

퇴비 사업도 마찬가지였다. 농사를 잘 짓기 위해서는 농촌에 비료가 풍부하게 공급되어야 했으나 비료가 늘 부족했던 시절이었다. 퇴비를 만들어 사용하면 농사도 잘되고, 비용도 절약할 수 있어 농촌마다 퇴비 만들기 사업이 권장되었다. 정부의 지침은 상당한 강제성을 지니고 있어 목표량을 정해주면 군청과 면에서는 정해진 목표를 꼭 달성하기 위해 동분서주했다.

하지만 퇴비 역시 하루아침에 많은 양을 생산하기는 쉽지 않은 일이다. 그래서 몇몇 요령 있는 이장들은 편법을 써 목표량을 채우거나, 초과 달성한 것처럼 꾸며냈다. 퇴비를 쌓아 놓은 가운데 소나무 가지 등을 넣어 퇴비 더미를 크게 했다. 이런 퇴비 더미들 역시 사진을 찍어 보고서와 함께 군에 보고하면 때로는 지방신문 기사로 나오고, 퇴비 사업을 성공적으로 잘했다 하여 표창장을 받는 경우도 있었다.

1970년대 초 국가경제의 틀이 중공업 육성과 중농 정책으로 모든 것을 통제하고 이끌던 시대였다. 경제 발전과 식량의 자급자족을 하기 위해서 불가피한 행정의 우월주의 시대였다. 추경 사업, 통일벼 재배 등이 잘 안되면 군수, 시장 직이 날아갈 때이다. 그래서 통일벼가 아닌 다른 벼를 심으려고 못자리를 해 놓은 것을 면 직원들이 밟아버린 예도 있었다.

마을회관과 이장님 소나무

1972년도 전국에서 새마을 사업이 광범위하게 시행되자 면사무소 직원들은 담당 부락에 나가서 새마을 사업을 홍보하고, 계몽하고, 지도하였다.

나는 내가 살고 있는 방산리를 담당했는데 새마을 사업으로 지역의 일꾼이자 새마을지도자인 이혁근 씨(고인이 되심)와 협력하여 마을회관을 짓기로 합의했다. 당시 정부에서는 각 마을별로 시멘트 300포대와 철근 1톤을 지원하여 도로나 담장, 부엌 등의 개량 사업에 사용토록 하였다. 마을회관을 짓는데 필요한 시멘트는 마련했지만 모래, 목재 등 다른 자재들은 마을 사람들이 구해야 했다. 벽돌은 정부에서 지원한 시멘트로 벽돌공을 데려다 벽돌을 찍어내고 쌓는 작업도 했다. 문제는 서까래로 사용할 목재가 없다는 데 있었다.

이혁근 씨와 나는 그 문제를 해결하기 위해 서로 상의한 끝에 인근 야산에 가서 소나무를 구해오기로 한 것이다. 그래서 달이 밝은 날을 잡아 동네 후배 몇 명을 모아 밤 10시에 톱과 도끼 등을 들고 정해진 장소로 모이도록 했다.

20여 명이 모인 자리에서 나는 이렇게 말했다.

"자, 너희들 잘 들어라. 우리 마을에 새마을회관을 짓기 위해 준비를 다 해 놓았는데 서까래로 쓸 목재가 없다. 그래서 오늘 밤 산에 가서 나무를 해 와야 한다. 그런데 그 목재가 있는 산은 이장님 산이고 이장님께서는 허락받지 않았다. 그런데도 너희들 모두 같이 갈 수 있겠냐?"

그러자 후배들이 모두 우렁차게 "네, 가겠습니다."라고 대답했다. 우리는 준비한 술과 음식을 나누어 먹고 이장님 산으로 올라가 서까래로 쓸 만한 소나무 수십 그루를 베어가지고 왔다.

남의 산에 심어진 나무를 몰래 베어오는 일이었지만 마을회관 짓는데 꼭 필요한 일이라는 것을 아는 후배들은 모두 신나게 동참해 주었던 것이다.

그 나무들을 한동안 인적이 드문 곳에 몰래 보관해 두고 잘 말렸다가, 껍질을 벗기고 다듬어 마을회관 짓기 공사에 사용하였다. 그런데 상량식 때 이장님이 서까래로 사용되는 나무를 유심히 살펴보고 있었다. 이장님 산 소나무라는 것을 눈치를 챈 모양이었지만 나는 짐짓 모른 체하였다.

드디어 마을회관이 완성되자 마을 사람들 모두가 나와서 잔치를 벌이고 기뻐했다. 마을회관에는 회당과 이발소, 매점 등이 들어서 모두들 편리하게 이용하게 된 것이다. 늦었지만 이 자리를 빌어서 소나무를 무단으로 벌목한 것을 알면서도 묵인해 주신 고인이 되신 이장님께 감사드린다.

홍건표 부천시장

소래면사무소에 근무한지 2년째 되던 해 홍건표 씨와 나는 서울 수유리에 있는 공무원 교육원에 가서 교육을 받게 되었는데, 홍건표 씨가 먼저 4주간 교육을 다녀오고 내가 다음 번에 다녀왔다.

여기서 홍건표 씨에 대해 잠시 이야기를 해보겠다. 현재 부천시장을 하고 있는 홍건표 씨는 지금도 그렇지만 그 당시도 매우 성실하고 유능한 공무원이었다. 나도 성실한 공무원이었다고 자부하지만 홍건표 시장은 나보다도 더 착실하고 성실한 공무원이었다. 부천시 소사읍 당아래가 고향인 홍건표 씨는 나와 같은 나이이고, 공무원도 나와 같은 1970년에 시작했다. 당시 말단 공무원들은 봉급도 매우 적었고, 잡무가 많아 자기 직업에 자부심을 가진 사람이 많지 않았다. 그러나 나와 홍건표 씨는 면의 말단 공무원이라는 직업에도 무척 자긍심을 가지고 일을 했다. 남들이 보기에 하찮은 일이라도 열심히 하고 그 속에서 기쁨과 보람을 찾았다고 자신 있게 말할 수 있다. 홍건표 씨는 부천시 청소과장으로 재직할 때인 1992년도 관내의 쓰레기 분리수거 체계를 성공시켰고, 쓰레기 종량제 시책을 제안하여 전국적으로 추진되는 성과를 거둔 공무원으로도 유명하다. 공무원으로서 가장 명예롭게 생각하는 청백봉사상을 받았다.

내가 부천시청 총무과 시정계에 근무할 때의 이야기이다. 부천군이 부천시로 승격되고 난 후 부천시에서 근무할 인력들이 계속 필요하게 되자 동사무소에 근무하는 직원 중 유능한 공무원들을 시 본청으로 발령냈는데 당시 동사무소에서 근무하던 홍건표 씨를 총무과로 발령을 냈다. 그런데 홍건표 씨가 발령

난 이튿날 시청 총무과로. 열댓 명의 부녀자들이 찾아와 홍건표 씨 인사가 잘못되었다고 항의를 하는 것이 아닌가? 도대체 무슨 영문인지 묻자 부녀자들은 자기들은 홍건표 씨가 근무하던 동에서 사는 사람들인데 "왜 우리 동에서 착실하고 유능하게 일을 잘하고 있는 사람을 시청으로 뽑아갔느냐? 다시 돌려보내라!"고 강력히 항의하는 것이었다.

그 홍건표 씨가 소래면에서 나와 같이 면서기로 근무할 때 나보다 한 회 앞서 서울 수유리에 있는 공무원 교육원에 다녀오더니 거기서 전체 2등을 했다는 것이다. 홍건표 씨에 이어서 교육원에 입소하게 될 나는 그 소식을 듣고서 경쟁심이 느껴지고 마음으로는 많은 부담감까지 느꼈다. 그래서 나도 마음을 단단히 먹고 수유리에서 하숙을 하면서 교육을 받는 4주 동안 열심히 공부했다. 그 결과 전체 교육생 115명 중에서 3등을 했다. 비록 1등이나 2등은 못했지만, 3등이라도 한 것에 대해 그런대로 내 자신에 만족했다.

경기도 관내 시·군·읍·면 중에서 부천군 소래면 근무자인 홍건표 씨가 2등을 하고, 바로 이어서 내가 3등을 하자 공무원 교육원에서도 부천군 소래면을 특별히 칭찬하였다. 경기도청과 부천군청에서도 소래면이 거둔 성적에 대해 화제가 되었다고 하니 홍건표 씨와 내가 부천군과 소래면을 빛내 주었다고 말할 수 있지 않을까?

3

공무원과 주인의식

부천군으로 영전

소래면에서 3년째 되던 1973년 2월 부천군으로 영전했다. 면에서 근무한지 3년 만에 비교적 빨리 상급 관청으로 발령받은 셈이었다. 사실 나는 정년퇴직을 앞두고 불운하게 불명예 퇴직을 한 것을 제외하고는 관운이 참 좋은 편이었다. 부천군 초임 발령 때 도서 면으로 발령 나는 것이 관례였는데 고향 소래면에서 처음 공무원 생활을 시작할 수 있었고, 그 이후에도 동료들과 비교하여 승진은 빨리 하지 못했지만 요직에서 근무를 많이 했다.

공무원이 되는 것이 꿈이었고 또한 하늘이 부여한 천직으로 생각하고, 아무리 작은 일이라도 성심성의껏, 공정하고, 공평하게 처리하여 업무 능력도 인정받았다. 그러나 모두 내 능력만으로 잘됐다고 생각하는 것은 오만한 생각일 것이다. 나의 외조부모님의 소망과 부모님의 헌신적인 보살핌, 그리고 나를 아는 여러 윗분들과 동료들이 크고 작게 도와주었기 때문에 공무원 생활을 성공적으로 수행할 수 있었다고 믿는다.

사실 소래면에서 부천군청으로 일찍 영전하게 된 사유는 고인이 되신 이혁근 씨의 도움도 컸었다. 이혁근 씨는 한때 농촌진흥청 공무원으로 근무하다가 30대 초반의 젊은 나이에 공직을 그만두고 고향 소래면 농촌 지도자가 되어 활발하게 사회 활동을 하던 덕망 있는 선배였다. 나와는 뜻이 잘 맞아 여러 가지 일을 함께 많이 하였다. 이와 같은 인연으로 나에 대해 잘 알고 있었던 이혁근 씨는 평소 친분이 있던 당시 진희상 부천군수에게 나에 대해 소상히 소개하며 추천을 했다고 한다.

부천시 승격

　　　　　　　　　　10개 읍면을 갖고 있던 부천군이 정부 방침에 의거 1973년 7월 1일자로 소사읍이 부천시로 승격되었다. 나머지 소래면은 시흥군으로, 계양면과 오정면은 김포군으로 행정구역이 변경되었다. 서해 도서인 영종, 용유, 덕적, 대부, 영흥면 등은 옹진군으로 독립했다. 시흥군 안양읍이 안양시로 승격된 것도 같은 시기이다.

　읍이 시로 승격되기 위해서는 많은 준비를 해야 한다. 동 명칭을 새로이 부여하고 공무원 정원도 대대적으로 조정해야 했다. 시군 간 인력, 재산 등 인계인수도 빈틈없이 해야 한다.

　나는 선배 공무원과 같이 수원에서 도청 지방과 담당자(임홍빈 씨, 이태섭 씨)의 지시를 받으며 공무원의 정원, 기구, 동 명칭 부여 등 행정 전반에 대하여 작업을 했다. 며칠간 여관방에서 일했다. 당시 시 명칭을 두고 부천시로 하느냐, 소사시로 하느냐를 놓고 많은 설전이 있었지만 부천시로 하는 것으로 결정됐다.

　내 고향 소래면은 이때부터 시흥군으로 됐고, 1989년 1월 1일자로 시흥시로 승격됐다.

김 주사 양주 한 병 넣어주소

부천시에서 1년 9개월 근무한 나는 1974년 11월 도청으로 발령이 났다. 경기도에서는 매년 1~2회씩 산하 시군에서 추천을 받아 전입 시험을 거쳐 우수한 공무원을 선발해 도청으로 발령을 냈다. 내가 부천시에서 추천받아 도청으로 영전하게 된 것이다. 처음 발령받은 곳은 공무원교육원 서무과이다.

당시 지방공무원교육원에서는 1년에 한두 번 경기도 공무원을 채용하기 위해 공개경쟁 시험을 실시했다. 보통 시험 응시생이 수천 명이 넘는 경우도 많았다. 시험 감독을 하러 공휴일에 출근한 공무원들만 해도 수백 명이 넘었다. 시험 감독자들에게는 감독 수당으로 1인당 200원씩 지급했다. 당시 200원 정도면 교통비 정도의 적은 액수지만 수백 명의 감독관에게 지급할 동전을 은행에서 환전하고 시험 당일에는 일일이 신분증과 명단을 대조해 도장을 받고, 지급한다는 것이 쉬운 일은 아니었다.

당시 공무원 시험 문제는 교수나 전문가 등 시험출제 위원들이 여러 날씩 폐쇄된 장소에 갇힌 채 그 안에서 숙식을 해결하며 시험 문항을 만들어 냈다. 지금같이 보안시스템이 갖춰진 시설이 적었던 탓에 수원교도소에 협조를 구해 그곳 시설을 출제 장소로 이용했다. 시험 출제를 앞둔 어느 날 출제위원장께서 양주 한 병을 사달라고 하셨다. 영문을 모르고 의아해하는 나에게 "교도소에 들어가 며칠씩 일을 하다 보면 이상한 냄새 때문에 견디기 힘들 때가 많다. 음식을 별도 조리해서 먹는다 해도 먹을 수가 없다. 양주라도 한 잔씩 먹고 해야지, 맨 정신으로는 일을 할 수 없다."고 말을 했다. 말씀을 들어보니 공감이 가는 말씀이었다.

한편, 도내 읍·면·동장에 대하여 새마을 교육을 실시했다.

조병규 도지사님으로부터 표창받는 필자

3 | 공무원과 주인의식

월요일부터 금요일까지 교육을 시켰다. 1회 150여 명씩 교육을 실시하는데 금요일 퇴교해서 토요일과 일요일 2일간 다음 교육을 준비하기 위해 출근했다. 3개월간 쉬지 않고 일했다. 그 외에도 각종 공무원 교육을 1년 내내 실시했다. 덕분에 1975년 말 '자랑스러운 공무원'으로 선정되어 표창을 받았다.

포클레인 면허시험과 노인

본청에 고시계가 신설되면서 공무원 교육원에서 실시하던 모든 시험은 고시계에서 실시했다. 공무원 채용시험 외에 각종 자격증 면허시험도 주관하여 실시했다. 어느 날 중장비 면허시험 응시원서를 접수하고 있었는데 어떤 노인 한 분께서 찾아오셔서 하시는 말씀이 수원에 살고 있는 아들 녀석이 이번에 포클레인 시험을 보는데 꼭 합격시켜 달라는 것이었다. 그동안 시험을 몇 번 보았는데 자꾸 떨어지는 것을 보고 너무 안타까워 강원도 양양에서 물어물어 이곳까지 찾아왔다는 것이다.

농업과 어업으로 살아가시는 분으로 매우 안타까웠지만 친절하게 "그것은 안 됩니다. 어르신께서 이렇게 오셔서 간곡히 부탁하시는 심정은 이해하겠으나 특별히 누구만 봐줄 수는 없습니다."라고 설명해 드렸으나, 거듭 부탁한다고 읍소하다시피 하는 것이었다. 그래서 "일단 아드님에게 열심히 공부하여 필기시험만이라도 합격하라고 하십시오."라고 위로해 드린 후 간신히 돌려보냈다. 그런데 얼마 후 그 노인이 다시 찾아왔는데 아들이 필기시험에 합격했다는 것이다. 그러면서 거듭 감사 인사를 하며 실기시험도 꼭 합격하게 해달라며 돌아갔다.

포클레인 운전은 사실 크게 어려운 것이 아니기 때문에 기계에 대한 적당한 감각이 있고 연습만 열심히 하면 실기시험에 합격할 수 있는 것이다. 당시 나는 고시계에 근무하는 동료 두 명과 함께 실기시험 감독관 역할도 했는데, 우리는 일단 그 어르신의 아들 이름을 확인하고 실기시험 현장에 나갔다.

여러 명이 지난 후에 노인의 자제 차례가 되었다. 포클레인 실기시험은 바가지에 흙을 가득 퍼서 얌전하게 옮겨놓는 작업이다. 그러나 대개 바가지에 흙을 가득 푸지 못하거나 덜컥덜컥 하면서 흘리는 경우가 많았다. 그러나 그 친구는 실력이 약간 부족해 보였지만 합격하는 데는 이상이 없었다. 감독관 3명의 점수를 평균해보니 60점이 넘어 합격이었다. 나는 외할머니와 부모님께서 나에 대해여 공무원이 되도록 염원하셨던 생각을 잠시 떠올리며 회상에 잠겼다. 무엇보다도 아들을 위해 먼 곳에서 두 번씩이나 도청까지 찾아와 간절히 소원한 노인의 정성이

3 | 공무원과 주인의식

무심치 않았던 것 같다.

물자절약과 주인의식

최근 국제 유가의 가파른 상승으로 에너지의 중요성이 다시 대두되고 있다. 불필요한 전등 끄기 등 기본적인 절약 시책이 35년 전에도 있었지만 아직도 생활화가 안 되었다.

에너지 절약 시책도 특별한 것이 없다. 쉽게 반응하고, 쉽게 잊어버리는 국민성 때문일까?

가장 중요한 것은 주인 정신이다. 모든 공직자가 자기가 운영하는 회사의 사장이라고 생각하면 된다. 그러한 정신을 넣어주기 위해 기관장 등 고위직 공직자부터 철저한 모범을 보여야 한다.

1976년 경기도청 문서계에 근무하면서 각 시·군 부서에 각종 문서를 채송해주고 관리하는 업무를 하게 되었다. 당시는 컴퓨터가 전혀 없던 시대라 문서에 펜으로 쓰거나 타자로 쳐서 모든 서류를 만들었기에 많은 양의 서류들이 생산되었다. 이러다 보니 각 부서에 공급하는 문서량도 엄청났고, 잘못 사용하거나 무절제하게 낭비되는 양도 많았다.

나는 문서 절약을 더 효율적으로 시행할 수 있는 방안을 고민하다가, '대봉투 4번 쓰기'를 시행했다. 도청과 시·군, 읍·면 간에 오가는 행정문서가 매우 많아 그 문서를 하루에도 몇 번씩 수거해 전달하는 '문서 채송원'이 따로 있을 정도였으니 자연히 서류를 담는 대봉투 사용량도 많았다. 나는 도청과 각 시·군 공무원들이 대봉투를 사용할 때 수신과 발신 표기가 된 용지를 대봉투 규격의 4분의 1정도로 인쇄하여 한번 붙여 사용한 것은 다음에 그것을 지우고 새로운 용지를 붙여 이를 4번까지 재활용하여 사용토록 한 것이다. 각 부서에서 문서계로 대봉투를 받으러 오면 반드시 4번까지 사용한 봉투를 가져오게 하여 그 숫자만큼 공급해 주었다. 공무원들이 어쩔 수 없이 4번은 재활용하게 만든 것이다. 하도 철저하게 시행되다 보니 각 부서에서 반발도 많았다.

그렇게 절약을 실천한 결과 시간이 흐르자 대봉투뿐만이 아니라 각종 문서 구입비용이 상당히 절약되었다. 그런 과정을 통해 직원들도 관용물자를 아끼고 절약해야 된다고 인식하게 된 것이다. 그리고 무엇보다도 내 자신이 맡은 바 업무에 충실하였다는 자부심을 가질 수 있었고, 공무원으로서 사명감과 주인의식을 가지고 능동적으로 일을 할 수 있었다는 데 의미가 있었다.

예산계 직원의 애정행각

나는 문서계와 고시계에 이어 확인평가계에서도 여러 가지 중요한 일을 한 후 예산계에서 일하게 됐다. 예산계 역시 도청에서 핵심적인 부서라 업무 능력을 인정받은 사람들이 가는 부서 중 하나였다. 내가 가고 싶었던 부서로 이동하게 되어 기쁘기는 했지만, 예산계에 근무하는 4년여 동안 일을 많이 했다. 당시에는 지금과 같이 자동으로 여러 가지 계산을 처리해 주는 컴퓨터 프로그램도 없었고, 전자계산기도 구식이었다. 주산이나 수작업으로 일일이 수치를 계산하고 문서를 만들어야 했기 때문에 작업량이 엄청났다.

또한 각 부서마다 예산을 더 많이 확보하기 위해 치열한 경쟁을 하였다. 각종 계획과 지침, 또는 도지사 지시 사항들을 근거로 예산계 직원들을 설득하려 했기 때문에 정신적으로도 많이 피곤한 일이었다. 다음해 예산을 편성하기 위해선 각 부서로부터 9월까지 예산 요구서를 받는데 이것이 모두 모아지면, 예산계 직원들은 여관으로 근무지를 옮겨 본격적인 작업을 하게 된다. 10월부터 11월까지는 여관방에서 숙식을 해결하며 수천억 원에 달하는 예산을 검토하고, 조정하고, 배분하는 업무를 하게 된다.

10월 말경 이 작업이 끝나면 11월에는 이 예산안을 가지고 서울로 올라가 정부에 예산안을 제출하고 승인받는 작업을 12월 20여 일까지 하게 된다. 서울에서는 청진동 골목의 한일여관, 필운동의 필운여관 등에서 숙식하면서 예산 작업을 했다. 본예산과 함께 1년에 2번 하는 추경예산도 있다 보니 예산계 근무시절에는 1년에 6개월 정도는 여관 생활을 하여야만 했다.

당시는 경찰청 예산도 일부는 도에서 관리했는데, 경찰청 예산을 심의할 때면 경찰들이 찾아와 당시 일반인들은 구하기 힘든 양주와 양담배를 내놓고 가는 일도 있었다.

이와 같이 집을 떠나 여관에서 생활을 했던 까닭에 같이 근무하던 예산계 직원 한 사람이 다방 마담과 바람이 난 사건도 일어났다. 여관에서 일하다 보면 근처 다방에서 차를 배달해 마시는 일이 자주 있었다. 그런데 다방 마담도 가끔 직접 배달을 왔는데 얼굴도 예뻤다. 알고 보니 이혼녀이고, 돈도 꽤 있는 여자였다고 한다. 이 마담과 동료 직원이 눈이 맞아 평생 같이 살기로 약속한 사이가 됐다. 드디어 그 직원 부인이 사실을 알게 되었고, 사무실까지 찾아와 한바탕 큰 소란을 벌이기도 했다. 계장님과 우리 직원 3명이 찾아가 설득하였지만 막무가내였다. 결국 사표를 냈고 그 마담과 결혼하여 잘 살고 있다.

군도 285호(신현로)

1980년 봄 도청으로 이혁근 씨가 날 찾아왔다. 앞에서 언급한 바 있는 이혁근 씨는 내가 잘 아는 지역 선배이다. 난 반갑게 그를 맞아 휴게실로 안내했다.

"선배님, 어쩐 일이십니까? 도청까지 먼 길에 저를 찾아오시고요?"

"김 주사, 자네도 알다시피 우리 마을 방산리에 도로가 없어서 주민들이 불편을 겪고 있어. 그래 도로를 개설해 마을버스라도 다니게 해야겠는데 재원 마련이 어려워서…. 무슨 방법이 없겠는가?"

"그렇군요. 시흥군청에는 알아보셨나요?"

"군에서는 예산이 없어 지원할 방법이 없다고 하네."

"그래요, 알겠습니다. 그럼 제가 한 번 알아보지요."

나는 이혁근 선배가 고향을 위해 애쓰고 다닌다는 것을 잘 알고 있었고, 그분 도움도 받은 적이 있기에 그분을 돌려보내고 도로과 직원에게 자세히 얘기하고 상의를 하자 처음에는 난색을 표했다. 다음날 내가 다시 불러 방법을 한 번 찾아보자고 말하자 그는 "저도 궁리해 봤는데, 한 가지 방법이 있습니다. 그 도로는 현재 농도로 되어 있어 예산 지원이 불가능하지만 군도로 명명하면 지원이 가능하니 우선 군도로 명명하여 고시를 하는 방법을 찾아보겠습니다."라고 말하고 돌아갔다.

그러더니 한 달쯤 지나서 다시 그 담당자가 오더니 "됐습니다. 그 도로를 군도 285호로 고시했습니다. 이제 예산계에서 시흥군에 예산을 배정하면 될 것 같습니다."라고 말했다. 나는 감사를 표하고, 계장님에게 전후 상황을 말씀드린 후 승낙을 받아 시흥군에 1억 5천만 원이 배정되도록 하였다. 시흥군에서는 갑자기 도에서 예산이 내려오자 무슨 예산인지 영문을 몰라 문의 전화가 왔다. 그래서 그 예산은 소래면 방산리 군도 285호 도로 사업을 위해서 도청에서 특별히 지원하는 것이니 그에 맞춰 집행해야 한다고 자세히 설명해 주었다.

덕분에 시흥군에서는 방산리에 도로를 개설하면서 생색을 내게 됐고, 마을버스도 다니게 되어 주민들 생활이 편리하게 되었다. 방산리 숙원사업 하나가 해결된 것이다. 이 사업으로 이혁근 씨의 사회 활동 능력은 더욱 인정을 받았고 명예를 높이게 되었다. 도로를 개통하는 날 방산리에서는 이를 축하하는 잔치가 벌어졌고 시흥군의 유력 인사들이 초청되었다. 나에게도 참석해 달라고 연락이 와서 가보니 이혁근 씨, 마을 이장님, 군청 직원 등이 감사패를 받고 마을 주민들로부터 인사를 받았다. 그러나 실제 뒤에서 예산을 지원한 당사자인 나는 감사패는커녕 수고했다는 말 한마디 듣지 못했다. 나는 내 고향이 잘되었으니 참 좋은 일이고, 누가 날 알아주지 않아도 괜찮다고 스스로 위로 했다.

신천천 개보수

그 일이 있은 후 몇 개월 지나고 나서 이혁근 선배는 또다시 소래면 신천천 개선 사업에 필요하니 예산을 많이 확보해 달라고 요청했다. 나는 다시 도청 치수과 실무자들과 상의해보고 규정도 알아보고 해서 시흥군에 2억 5천만 원의 예산을 신천천 개선 사업 용도로 배정해 내려보냈다. 시흥군청에서는 예산을 달라고 그렇게 요청해도 내려오지 않던 예산이 갑자기 내려오자 어찌된 영문인지 다시 물어왔다. 나는 그 취지를 잘 설명해 주고 예산이 올바르게 사용되도록 했다. 군청 담당자에게 당부하고 추후 이 사업이 제대로 시행되었는지 직접 현장에 나가 확인하였다.

하천 관련 예산은 치수사업 특별회계에서 지원해야 한다. 그래서 담당과장님께 말씀드렸더니 이번에는 안 되고 다음 추경에 해주겠다고 하셨다. 나는 그때까지 참을 수가 없어서 직권으로 예산을 편성해서 도지사님까지 결재를 받았다. 이 사실을 안 치수과장님은 펄펄 뛰면서 나를 징계위원회에 회부한다고 하였다. 자존심이 상한 것 같았다. 아무리 칼자루를 쥐고 있다 하더라도 담당 과장이 다음 추경에 꼭 해준다고 약속했는데도 이를 무시하고 새까만 부하 직원이 마음대로 예산을 편성했으니 내가 생각해도 화가 날만했다. 은근히 걱정되어 이혁근 선배님께 말씀드렸더니 마침 잘 아는 사이라고 하면서 염려 말라고 했다. 결국 아무 일 없이 예산이 지원되어 하천 개수사업이 잘 됐다.

지금도 시도 285호 도로와 나란히 흐르고 있는 신천천을 바라보면 옛 생각이 난다.

박정희 대통령 연두순시

도청에 근무하던 70년대 후반 박정희 대통령께서는 연초 부처 업무 보고를 받으신 후 각 시도 연두순시를 매년 하셨다. 이렇게 VIP가 방문할 때면 도청은 그야말로 비상상태에 돌입한다. 며칠 전부터 청와대 경호실 직원들이 건물을 단속하고, 전기와 전화선을 철저히 통제하며, 출입을 통제한다. 방문 당일에는 비표를 착용한 도청 공무원만 들어올 수 있으며, 화장실 가는 것 이외에는 절대 이동도 허락되지 않고, 자리만 지키고 있어야 한다. 그렇게 꼼짝 않고 있다가 대통령께서 점심식사를 마치고 자리를 뜨시면 겨우 움직일 수 있다. 그런데 이 점심식사에 제공하는 쌀이 좀 특별하다.

대통령께서 드시게 되는 식사 관리를 서무과장님이 맡아서 하는데, 당시 서무과장님은 대통령께서 가장 맛있는 밥을 드시도록 하기 위해 그야말로 최선을 다한다는 것이다. 경기도에서 생산된 최상품의 쌀을 구해 며칠 전부터 집으로 가져가 그 쌀 중에서 조금이라도 흠집이 있는 쌀은 모두 걸러내고, 완전한 쌀만 가져와 밥을 지었다고 한다.

확인평가 업무

도청 확인평가계에서 일할 당시 계장이었던 백성운 씨도 내 기억에 남는 인물이다. 백성운 계장님은 나보다 네 살 나이가 적었다. 행정고시 출신인 그분은 두뇌도 뛰어나고 대단한 노력파이기도 했다. 확인평가계 업무는 철저한 공정성과 정확성이 요구되는 업무이다. 국·도비 보조 사업 등 중요 사업이 당초 의도한 계획대로 추진되는지 확인하여, 보고하는 것이다.

백 계장님은 20대 후반의 젊은 나이임에도 불구하고, 현장 확인을 나가기 전 업무 계획을 수립하고, 치밀하게 점검하여 지시했다. 현장 확인이 끝나고 종합보고서를 만들 때 사업을 계속할 것인지, 수정할 것인지, 중단할 것인지 등등 문제점과 대책을 명확히 제시하여 예산을 절감하고, 능률과 효과를 높이는데 기여했다.

백 계장님은 얼마 후 미국으로 유학을 떠났다가 공부를 마치고 도청으로 다시 돌아와 일을 했다. 미국에 유학 갔다 온 직후 확인평가계 직원들에게 점심식사를 내는 자리에서 자신은 미국에서 공부하는 2년 동안 여행을 한 번도 안갔다고 했다. 같이 유학 온 다른 사람들은 주말과 방학 때면 가족들과 여행을 다녔지만, 자신은 집에서 여행은 훗날 해도 된다고 생각하면서 공부에만 전념했다고 한다. 그래서인지 백 계장님의 영어실력은 둘째가라면 서러울 정도로 뛰어났다. 문장 실력도 빼어나 당시 손재식 도지사님은 모든 행사의 연설문을 백성운 계장님이 작성하도록 했다. 나는 신선한 충격을 받았고, 내 자신을 다시 돌아보는 계기가 되었다.

내게 공직자로서 모범을 보이며 자극을 주었던 백 계장님은 그 후 고양군수, 안양시장, 경기도 부지사, 청와대 근무 등 요직을 두루 거치면서 경력을 쌓았다. 이명박 정부의 인수위원회에서도 행정실장으로 일을 했고, 국회의원이 되고자 고양시 일산갑 지역에 출마하여 참여정부에서 여성으로 총리까지 지낸

한명숙 후보를 누르고 제18대 국회의원에 당선됐다.

군수님 식사 초대 거절

여관방 생활이 다반사인 예산계에서 4년 동안 근무를 하고 나니 장기 근속자라 다른 부서로 옮겨야 한다고 했다. 원하는 부서로 보내 줄 테니 말하라고 하였다. 나는 1순위로 세정과, 2순위로 감사과를 선택했지만, 1982년 2월 감사과로 발령받았다. 감사과에 근무한지 얼마 되지 않아 승진이 되면서 반월출장소로 발령이 났기 때문에 한 달여 동안만 감사과에서 근무했다.

감사과에 출근한 직후 여주군으로 종합감사를 나갔다. 한 번 감사를 나가면 보통 감사과장 이하 직원 10여 명이 일주일씩 감사를 했다.

여주군청에 도착해 감사를 하고 있던 중 여주군수가 감사팀 직원들을 저녁식사에 초청했다. 군수는 마침 그날이 자신의 생일이라 집에 음식을 차려놨으니 같이 가자고 권했다. 감사를 나가면 피감사기관으로부터 어떠한 명분으로라도 향응을 받지 않도록 돼 있다. 그러나 도에서 과장으로 있다가 군수로 영전한지 얼마 되지 않았고, 더군다나 생일잔치로 집에 음식을 준비했다는 군수님 말씀에 어찌할 지 망설이고 있던 중 감사과장께서 응하지 않기로 결정을 하였다.

백부님 벌목 허가와 보안사 대령

장사하는 사람들에게는 손님이 왕이듯이, 공무원들에게는 지역 주민을 왕으로 모셔야 한다. 주민이 내는 세금으로 모든 사업을 시행하고, 공무원들의 월급도 세금에서 주기 때문이다. 민주 국가라면 너무나 당연한 진리를 아직도 많은 공무원들이 자각하지 못하고, 오히려 반대로 공무원이 주민들 위에 군림하는 경우가 적지 않다. 요즘은 과거와 다르게 공무원들의 의식과 자질이 높아져서 행정 서비스가 질적으로 우수해지고, 공정성도 지켜지는 경우가 많기는 하다. 공무원들이 주민들의 신뢰를 충분히 받으려면 인허가 업무 등에 있어서 실질적인 공평성과 형평성이 더욱 확고하게 지켜져야 한다고 생각한다. 공무원들이 돈과 향응 앞에, 권력 앞에 흔들리지 말고 법과 원칙을 바탕으로 주민 서비스 정신을 최선의 목적으로 추구할 때 진정으로 주민이 믿고, 칭찬하는 공무원이 될 수 있으리라.

1980년 예산계에 근무할 때 모처럼 집에서 쉬고 있었는데, 백부님께서 전화를 하셨다. 시흥군 내 한 하천변에 있는 미루나무 10여 그루를 베려고, 정당한 절차를 밟아 벌목 허가를 신청했는데 허가를 안 해준다는 것이었다. 그 전의 관례를 보면 허가 받을 요건이 충분한데도 별 이유 없이 불허하고 있으니, 한 번 알아봐 달라는 말씀이셨다.

백부님께서는 당시 목상을 하고 계셨는데 그 목재가 꼭 필요하셨다. 생각 끝에 도청 감사계에 있는 선배에게 그 내용을 설명하고 허가를 내주지 않는 사정이 무엇인지 알아봐달라고 부탁했다. 그런데 며칠 후 그 선배는 군청의 민원 처리에 특별히 잘못한 것이 없다고 군청을 두둔하는 것이었다.

백부님께서는 자존심과 정의감이 강하셔서 웬만한 일에는 말씀을 하지 않는 분이셨다. 나는 난감하고, 고민스러웠다. 며칠 후 소래면 출신 공무원들 모임이 있어 그 자리에 참석했는데 마침 시흥군청에 다니는 친구 옆에 앉게 되었다. 친구에게 백부님의 말씀을 그대로 전하면서 보안사 수원지부 책임자를 잘 알고 있는데 그 사람한테 얘기를 하겠다고 했다. 그때 나는 그분 집에 세들어 살고 있었다. 1980년은 5공 때로 보안사의 위세가 막강할 때였다.

보안사 대령에게 말하겠다는 효과는 즉각적으로 나타났다.

내 꿈은 공무원이었다

다음날 저녁 백부님께서 내게 전화를 하셨다.

"얘, 어찌된 일인지 담당자가 날 찾아와 잘못했다고 정중히 사과하면서 허가가 났으니 언제든지 나무를 베도 좋다고 하더라. 고맙다."

연탄공장 운영 자금 배분

1986년 도청 상정과에 근무하며 유류 및 연탄 관련 업무를 볼 때 있었던 일이다. 당시 경기도 관내에는 11개 연탄공장이 있었다. 겨울철이 되면 연탄 소비가 많을 때라 연탄공장들이 잘 가동되고, 연탄 생산이 활발하게 이루어지도록 도에서는 년간 20여 억 원 정도를 무이자로 융자하고 있었다. 연탄공장들로서는 경영에 큰 도움이 되는 돈이다.

11개 공장 중 대형 공장이 2곳이었고, 나머지는 중·소규모였는데, 융자금 중 50%를 대형 공장에 지원하고 있었다. 너무 편중된 지원이었기에 조정을 해야 한다고 생각했다.

그래서 과감하게 지원 기준을 바꾸었다. 기존의 규모를 위주로 하면서 지역적 특성 등 세부항목과 가산치를 적용했다. 결과는 예상대로 대형 공장의 융자금이 대폭 줄었다. 이를 본 계장님이 "이렇게 갑자기 줄이면 어떻게 하는가? 충격을 최소화하라."는 말씀에 일부 조정을 했지만 미미했다. 아니나 다를까 이를 받아 본 대형 연탄공장 사장님이 찾아와 계장님한테 항의했다.

"누가 이렇게 말도 안 되게 융자금을 배분한 것이죠? 내가 가만두지 않겠습니다."라고 내 옆에서 말하는 것이었다. 담당자가 나인 줄 알면서도 계장님에게만 항의했다. 계장님이 사장을 데리고 차 한 잔 마시자며 구내식당으로 데리고 가더니 조금 후 나를 불렀다. 내가 식당으로 가서 사장에게 인사를 하고 앞에 앉아 차분히 설명을 하자 나를 노려보더니 주머니에서 서류를 꺼내 식탁에 놓으면서 "이것 봐요! 내가 이렇게 탄원서를 써 가지고 곧바로 도지사에게 올리려고 했어요. 당신 가만 두지 않으려고 말이요. 그런데 계장님께서도 말씀이 계셨고, 당신 말도 일리 있다고 봅니다. 하지만 내년부터는 다시 조정해 주시오."라고 말했다.

나는 그 사장의 주장과 논리도 충분히 들어주고, 인정할 것은 인정해 줌으로써 큰 충돌 없이 그를 돌려보낼 수 있었다. 당시 계장님한테는 지금도 미안한 생각이 든다.

4

확인평가 업무 시절

부시장의 거마비

　　　　　　　공무원 생활을 하는 동안 가장 보람을 많이 느끼고 열정적으로 일했던 업무는 확인평가 업무였다. 1978년 8급 때 확인평가 업무를 몇 개월 경험한 것이 계기가 되어, 그로부터 18년이 지난 1996년 확인평가 담당 계장으로 3년 정도 근무했다. 앞에서 잠깐 언급했듯이 확인평가계의 업무는 매우 중요하다. 나는 이 업무의 중요성을 잘 인식하였고, 내 적성에도 맞아 열심히, 즐겁게 업무를 수행했다.

확인평가 업무 차 현장에 나갈 때면 출장비를 아껴 담배 몇 보루를 사가지고 마을 사람들이나 업무 관련자들에게 한 갑씩 건네주기도 하면서 일을 봤다. 마을사람들은 공무원이 그런 성의를 보이면 친절하게 자세한 얘기까지 해주어 정확한 사실을 알아내는데 도움이 된다.

중앙정부나 도청에서 시달되는 주요 사업이 현장에서는 제대로 시행되지 않거나, 당초의 방향과 다르게 시행되는 경우가 많았다. 일선 기관의 담당 공무원들이 주요 사업에 대해 제대로 이해하고, 적극적인 이행 의지와 책임감을 가져야 되는데 그것이 부족한 경우가 많기 때문이다. 확인평가를 갔다 오면 그에 대한 평가보고서를 작성해서 도지사님께 보고 하는데 그것은 도비 지원을 받는데 큰 영향을 미치기 때문에 시장·군수는 확인평가에 대하여 큰 관심을 가졌다.

그 예로 1997년 고양시에 출장을 나갔을 때의 일이다. 고양시청에 도착해 부시장실로 찾아가 인사를 하였다. 당시 부시장은 경기도청에서 상급자로 모셨던 분이라 잘 알기에 편히 인사를 하였다. 인사를 마치고 나오려하자 부시장께서 거마비를 주셨다.

당시 고양시뿐만이 아니라 하남시, 안양시 등 몇 곳을 확인평가 계장으로서 출장을 나갔는데 그곳 역시 고양시처럼 가는 곳마다 부시장이나 주무 국장이 교통비를 주었다. 상급자가 주는 것을 현장에서 거부하기란 쉽지 않아 일단 받아온 나는 등기우편으로 돌려보내면서 '부시장님의 호의에 진심으로 감사드립니다. 다만 부시장님의 성의를 받아들이지 못함을 송구스럽게 생각합니다. 감사합니다.' 라는 내용을 적어서 같이 보냈다.

특 설렁탕

현장을 다니다 보면 점심때가 되어 시군 담당 직원과 같이 식사를 하는 경우가 많다. 이때 식사비는 물론 각자 지불했다. 어느 날 고양시에서 점심을 먹게 됐는데 이름 있는 설렁탕집으로 갔다. 나는 5,000원짜리 보통으로 시키라고 했는데 특 설렁탕과 수육도 나왔다. 내가 주문하지 않은 것이 나온 것이다.

이상하게 생각하고 물어보니 특 설렁탕이라고 했다. 나는 종업원에게 앞에 놓인 수육과 특 설렁탕을 도로 가져가도록 했다. 그리고 내가 시킨 보통 설렁탕을 가져오게 하여 이를 먹었다. 내가 그렇게 하자 같이 식사하러 온 공무원들도 당황하고, 그들도 할 수 없이 보통 설렁탕만 한 그릇씩 먹게 되었다. 계산도 내가 먹은 것은 내가 하려고 했지만, 음식점 주인이 내 돈은 받질 않았다.

그런데 지금 생각해 보면 내가 너무 지나치지 않았는가 하는 생각이 든다. 어차피 시켜서 나온 음식인데 도로 가져가면 오히려 그게 낭비가 될 수도 있었을 텐데, 그냥 먹을 것을 너무 절약과 청렴의 행동을 겉으로 내세웠던 것 같은 생각이 든다. 사실 공무원 재직 기간 동안 그렇게 식사접대를 거절한 사례가 많이 있었다. 과도한 대접을 받아서는 절대 안 되겠지만, 특 설렁탕한 그릇을 면전에서 거절하여 상대방을 무안하게 만든 것은 내가 너무 지나쳤던 것 같아 후회되는 점도 있다.

논어 '옹야(雍也)' 편을 보면 "자신의 생활도 백성을 다스리는데도 모두 소탈하면 그것은 소탈함이 지나치다."고 공자님께서 말씀하신 것이 생각났다. 내 스스로 검소한 생활을 하는 것은 괜찮지만 남까지 검소하게 살라고 하는 것은 지나친 것임을 깨닫게 됐다.

여주군 지렁이 활용 사업

1996년도 '여주군에서 지렁이를 이용한 퇴비 생산 사업이 큰 성공을 거두었다.' 라는 내용의 기사가 나왔다. 기사를 읽어 보니 군에서 발생하는 음식물 쓰레기를 모아 지렁이 사료로 사용하면 음식물 쓰레기를 별도로 처리하지 않아도 되고, 지렁이의 배설물은 퇴비로 활용되고, 지렁이는 낚시업계에 판매하여 수익도 낼 수 있다는 것이다. 그야말로 1석3조의 효과를 거둔다는 것이었다. 나는 그 기사를 읽고 흥미를 느꼈지만, 뭔가 의심쩍은 점도 있어서 현장을 확인해 보기로 했다.

여주군청에 가보니 담당 청소과장은 자리에 없었다. 그 기사가 나가고 홍보를 실시한 뒤로 전국에서 사례 발표 요청이 쏟아져 강연을 하러 돌아다니느라 정신없이 바쁘다는 것이다. 그래서 계장의 안내를 받아 현장을 가보았다. 가서 보니 비닐하우스가 여러 동 지어져 있고, 안에 들어가 보니 고구마 밭같이 둔덕을 길게 만들어 놓았고, 음식물 쓰레기 냄새가 진동을 했다. 군 계장이 그것을 쇠스랑으로 들추자 지렁이들이 엄청나게 들끓고 있었다. 음식물 쓰레기를 그곳에 둔덕처럼 갖다 놓으면 지렁이들이 그것을 먹고 2~3일만이면 모두 분해시킨다는 것이었다. 얼핏 보아 매우 그럴싸해 보였다.

그렇지만 아무래도 이상했다. 다른 쪽 둔덕도 들춰보니 음식물들이 아직 분해되지 않은 채 잔뜩 쌓여있었다. 지렁이들이 그렇게 많은 음식물들을 먹어치운다는 것이 아무래도 믿기지 않았다. 그래서 그곳 둔덕을 자세히 분류하여 사진을 찍고, 근무지로 돌아온 후 1주일 후에 그곳에 다시 가서 그 둔덕들이 변화된 모습을 확인해 보았다.

아니나 다를까, 기존의 음식물 쓰레기가 거의 변화된 것이 없었다. 다만 일부에서 약간씩 지렁이가 음식물을 소화시키고 있을 뿐, 오히려 음식물 쓰레기만 계속 넘쳐나고 있었다. 결국 1년쯤인가 지나서 전국적인 화제가 되었던 여주군의 지렁이를 활용한 음식물 쓰레기 처리 사업은 조용히 사라졌다.

이와 같이 검증된 데이터도 없이 즉흥적으로 성공한 양 발표하는 사업들이 우후죽순처럼 나타났다가 슬그머니 사라지는 예가 많았다.

화성시 내수면 소득 사업

여주군의 지렁이를 이용한 음식물 쓰레기 처리와 같이 유사한 사례로 화성시 내수면 어업 가공 소득 사업이다. 국비로 추진되는 사업으로서 큰 성공을 거두고 있다고 했다.

나는 군청 직원의 안내를 받아 현장에 갔다.

현장에 가서 보니 하천 옆에 가공 공장이 지어져 있었는데 완공된지 얼마 지나지 않은 새 건물이었다. 그런데 소득 사업을 한다는 마을에서 1킬로미터 정도 떨어진 들판 한가운데 지어져 있어서 주민들이 작업하기에는 거리상으로도 불편해 보였다.

건물을 둘러보니 규모가 컸는데, 당시 공장에서는 물고기 가공 작업을 하지 않고 있었다. 공장 관리 담당자에게 질문을 던져보니 물고기들을 다 잡고 처리해서 지금은 쉬고 있다고 말했다. 나는 작업을 하지 않는다는 것에 의구심이 갔다.

그런데 건물 안에는 숙소까지 갖추고 있었다. 마을에서 1킬로미터 떨어진 정도면 불편하더라도 충분히 왔다 갔다 하면서 작업을 할 수 있을 텐데 무슨 숙소를 이렇게 넓게 지었는지 이해가 안 되어서 담당자에게 물어보니 중국 교포들을 불러와 작업 인부로 사용하기 위해 숙소를 넓게 지어놨다고 했다.

결국 주민들을 위한 소득 사업이 아니라 한 사람이 운영권을 갖고 이익금이 생기면 그 중 일부를 지역에 내놓는 식으로 운영하고 있었다.

운영권자의 말에 의하면 관련 중앙 부처에서 왔다 갔는데 전국에서 가장 우수하게 성공한 곳으로 선정됐다고 했다. 나는 속으로 걱정을 하면서 문제점과 대책 등을 자세히 보고했다.

팔당대교 건설 현장에서

1994년 도청 공영개발사업단 관리과장으로 근무할 때 팔당대교를 재건설했다. 그 전에 팔당대교 일부가 붕괴되는 사고가 있었기 때문이다. 건설이 한창 진행되던 중 업체로부터 '기성고' 지급 신청이 있었다. 나는 현장을 확인하기로 했다.

현장에 가서 일일이 살펴보는데 교량 구조물에 사용된 수많은 강판 구조물들 중 몇 개의 두께가 얇아 보였다. 강판 구조물의 크기는 사람이 드나들 정도로 넓고, 매우 높은 거대한 것이었다. 나는 건설회사 직원에게 스케일을 가져오게 하여 직접 강판 두께를 측정해 보았다. 아니나 다를까, 몇몇 구조물들에 사용된 강판의 두께가 정해진 규격인 10센티미터에 비해 8~9밀리미터씩 부족했다. 나는 '이것 큰일 났다.'고 생각하고 현장 건설 책임자와 감리 책임자를 불렀다.

"아니 이것이 어떻게 된 것입니까. 이 강판 구조물 두께를 한번 재보세요. 왜 어떤 것들은 이렇게 규격에 미달하죠? 이것 확인해 보세요."

그랬더니 책임자 두 사람 얼굴이 갑자기 사색이 되어 직접 재보고 이리저리 알아보며, 허둥지둥 뛰어다니는 것이었다. 나는 철강 공사가 한창 진행되었지만 규격 미달품이 사용되었다면 전체를 뜯어내고 다시 시공을 해야만 하는 엄청난 일이 벌어질 수도 있다고 생각했다. 조금 후 책임자들과 어떤 젊은 기사 한 명이 내 앞에 나타나 이렇게 말했다.

"과장님, 그게 사실은 규격이 미달된 것이 아니라, 부합하는 수치입니다."

엘리트처럼 보이는 젊은 기사가 내게 또박또박 말을 했다.

"무슨 소리입니까? 거의 1센티미터 가까이 부족한데 맞다니요? 무슨 근거로 그런 말씀을 합니까?"

"과장님이 보시긴 제대로 보셨습니다. 그런데 강판 두께는 법정 오차가 ±10%까지 허용되고 있습니다. 따라서 10밀리미터 미만의 차이는 아무런 하자가 없는 제품입니다. 저희도 처음엔 그 사실을 몰라서 즉시 답변을 못 드렸는데, 그것은 대단히 죄송합니다만 8~9밀리미터는 오차 범위에 해당되어서 인정이 됩니다. 여기 건교부 물품사양서를 보시면 그 내용이 나와 있습니다. 그리고 이 제품은 오직 포스코에서만 만들 수 있는 강판 구조물로서 불량품은 있을 수 없습니다."

현장소장이 나에게 제시한 책자의 내용을 보니 오차 범위 내에서는 정상 제품으로 인정되고 제품의 품질에도 문제가 발생되지 않는다는 내용이 나와 있었다. 나는 현장 책임자와 감리 책임자에게 조금 더 정확성을 기하라고 질책을 했지만, 놀란 가슴을 쓸어내리며 잔뜩 긴장했던 마음을 풀 수 있었다.

5

소신 있는 행정

무더위 속에서 근무

1982년 감사과에서 근무한 지 2달 정도 지났을 무렵, 7급에서 6급으로 승진발령 되어 경기도 반월출장소(현 안산시청) 회계과 용도계장으로 근무하게 되었다. 출장소의 6급은 시·군 단위의 계장과 같이 어느 정도 재량권을 가지고 소신껏 일을 할 수 있었다. 나의 업무 범위는 재산 관리와 각종 공사 입찰, 물품 구매 등 회계 업무였다.

회계 업무는 그 성격상 세밀한 정확성과 적법성이 요구된다.

나는 새로운 부서로 발령 나면 언제나 전임자가 한 일을 제로베이스(zero base)에서 재검토했다. 첫 번째 눈에 띈 것이 호화롭게 신축한 청사가 에너지 낭비가 많아 보였다. 그래서 청사 내에 격등을 했고, 냉방을 섭씨 30도가 넘어야 가동했고, 난방은 5도 이하로 내려갈 때 가동했다. 예측대로 직원들의 원성이 하늘을 찌르는 듯했지만 밀고나갔다.

기자실에 임대료 부과

두 번째는 기자실에 임대료를 내라고 고지서를 보냈다. 기자 한 명이 사용하는 면적이 20여 평이나 됐고, 여직원까지 배치했다. 모든 공공기관에서 기자실을 무상으로 제공하고 있지만 엄연히 따지면 당시에는 임대료를 내도록 되어 있었다. 과장님의 반대와 우려를 무릅쓰고 고지서를 보냈더니 아니나 다를까, 벌집 쑤셔 놓은 듯했다. 이 사건으로 윗분한테 야단을 맞았고 임대료 고지서는 없던 일로 했다.

결국 기자단에서는 그 공문을 받았지만, 임대료를 내지 않더라도 더 이상 독촉은 하지 않는 형식으로 타협할 수밖에 없었다. 공공기관에서 기자들에게 특혜를 주는 관례를 깨지는 못했어도 공직 사회에 신선한 충격을 주는 계기가 됐다.

6급으로 승진하여 일을 찾아 열심히 했어도, 출장소에서는 도청에 비해 업무량이 많지 않았다. 여유로웠던 이 시기에 운전면허도 땄고, 시청 부지에 테니스장을 조성하여 동료들과 주말이면 테니스도 하면서 보람된 시기를 보냈다.

관용차량 운행 거부

어느 주말 숙직을 했을 때 있었던 일이다. 도시과 조○○ 계장과 같이 숙직을 하게 되었다. 조 계장은 주무계장이라 당직 사령을 했고, 나는 당직 반장으로 숙직을 했다. 다음날 일요일 아침식사를 하고 사무실에 앉아 잔무를 처리하고 있었는데, 조 계장한테 전화가 왔다.

"총무과장님이 출근을 한다고 집으로 차를 보내달라고 하는데요?"

조 계장은 나와 같이 도청에서 근무하다가 승진을 해서 출장소로 왔지만, 나이는 나보다 네 살 아래라 내게 말을 높였다.

"총무과장님이? 아니 출근을 하시려면 대중교통을 이용하시면 되는데, 관용차량을 보내달라고 하면 어떻게 하지? 그건 안

되지. 더군다나 총무과장님 댁은 용인인데, 안산에서 용인까지 왕복하면 유류 소비가 얼마인데…. 안 된다고 말씀드려."

조 계장이 당직사령이긴 했으나, 차량 관리 책임을 맡고 있는 내가 안 된다고 하면 안 되는 것이었다. 그런데 조 계장이 얼마 후에 다시 전화를 했다. 총무과장으로부터 또 전화가 와서 "당장 차를 보내라."고 그런다는 것이다. 나는 업무용 차량은 직원 개인의 출퇴근용으로 운행할 수 없으니 안 된다고 재차 말하면서 얘기하기 곤란하면 "내가 안 된다."라고 말하라고 했다. 그런데 조 계장은 차마 안 된다는 말을 못했던 것 같았다.

당시 총무과장은 용인에서 안산까지 출퇴근을 하고 있었는데, 그동안에는 휴일에 출근할 때에 관용차를 보내 달라고 하면 보내 주곤 했었다. 그런데 내가 차량 업무를 보고난 후 안 된다고 한 것이다. 결국 차를 보내지 않았다. 정오쯤 출근한 총무과장은 나와 조 계장을 불러 놓고 "차 보내라고 했는데도 왜 안 보내느냐. 집에서 기다리는 사람 애타게 만드느냐?"라며 꾸짖었다. 한참을 듣고 있다가 내가 "과장님, 죄송한 말씀입니다만 공용차량을 출퇴근용으로 쓸 수는 없습니다. 급한 일도 아니신데 버스타고 나오시면 되잖습니까. 출장소에서 용인까지 운행한다는 것은 너무 낭비라고 생각됩니다."

이 말에 총무과장은 "그래? 낭비라…. 좋아, 그럼 처음부터 안 되면 안 된다고 말하지 왜 사람 기다리게 만들었지?"

총무과장과 통화한 사람은 내가 아니라 조 계장이기에 나는 아무런 말도 하지 않고 서있었다. 결국 총무과장은 조 계장에게 왜 안 된다고 말을 하지 않고, 사람을 기다리게 만들었냐고 화를 내며 분풀이를 했다. 사실 조 계장이 차량을 보내 줄 수 없다고 확실히 얘기했으면 되는 일인데 차마 안 된다고 말을 못했던 것이다. 그 일로 총무과장님과 나는 더 가깝게 지냈다.

재건농장 주민에게 불하

반월출장소에 근무하면서 보람을 느꼈던 또 하나의 일은 재경부로부터 고잔벌 개간지 불하를 받아냈던 일이다. 고잔벌도 신도시가 되어 대단지 아파트촌이 되었지만, 그때만 해도 그곳은 넓은 들판이었다.

고잔벌은 6·25때 남으로 피난 온 주민들이 공유수면을 개간한 농지로서 일정한 요건이 맞으면 국가에서 불하를 해주었다. 그런데 유독 18만 평 정도 되는 재건농장이라는 곳만 불하를 안 해주고 있었다. 이에 경작 농민들은 불공정하다는 이유로 연일 찾아와 하소연을 했다. 불하권한은 재무부에 있지만 농민들은 우선 출장소로 찾아왔다.

주민들의 요구사항은 충분한 이유가 있었다. 나는 주민 대표들과 같이 재무부를 내 집 드나들 듯 찾아가 사정도 하고 설득하여 3년여 만에 불하를 받게 했다.

관사 정원 보수공사

경기도에서는 반월신도시를 개발하기 위해 처음에는 사업소로 운영하다가 기업과 인구가 증가하여 기구와 인력을 대폭 확대하여 출장소로 승격시켰다. 향후 시로 승격할 것에 대비 청사와 관사도 신축했다. 그러나 뒷마무리가 덜되어 계속 정리해야 했다. 관사도 덩그마니 집만 신축하였을 뿐 주변을 정비하지 않아 어수선했다. 빠른 시일 내 조경 등 주변을 정비해야겠다고 생각했는데 김창진 소장께서 관사 주변을 정리하라고 지시했다.

김창진 소장님은 체신청 고위 간부로 근무하시다가 내무부로 발탁되어 반월출장소장으로 오셨다. 김창진 소장님은 체신청에 근무하면서 체신청 조직을 개혁하고, 사무 자동화를 추진해 인력과 조직을 대폭 축소하는 혁신적인 창안을 하여 우수공무원으로 발탁된 분이다. 직급도 부이사관으로 고위직이었다. 그

일로 인해 많은 사람들이 실직하게 되어 직원들로부터 '저승사자' 라는 비판을 받았지만, 다른 한편으로는 국가 예산을 줄이고 업무 효율화를 가져온 유능한 공무원으로 평가됐다.

소장님의 지시대로 보수공사 사업비를 계산하니 300여 만 원이 나왔다. 결재를 받고 공사를 하는데 한 이틀 후 쯤 나를 부르더니, "공사하는 것을 보니 그렇게 해서는 안 되고, 정원을 조금 더 넓히고, 뒤뜰도 좀 더 정리해야 된다."라고 하셨다.

사업 내용이 대폭 늘어나게 됐다. 이와 같이 3~4일 간격으로 사업 내용을 변경하도록 지시를 하셨고, 나는 시키는 대로 했다. 그런데 이번에는 업자가 확실하게 변경계약 등 믿을만한 조치를 해주지 않으면 더 이상 일을 못하겠다고 했다.

할 수 없이 소장님께 사실대로 말씀드렸더니 나중에 정산을 하여주는 조건으로 일을 계속 시키라는 지시에 의거 공사를 마무리했는데 당초 보다 4배 정도 많은 1,200만 원 정도가 됐다. 그때 나로서는 소신대로 공사를 중간에 그만 둘 수 없는 상황이었다.

5 | 소신 있는 행정

수인선 협궤열차

인천 송도역에서 수원 사이를 오가던 수인선 철도 운행이 멈추어진지 12년째이다. 수인선 협궤열차는 총연장 52킬로미터, 선로 너비 0.762미터이고, 좌석은 54석이며 경기만의 소래, 군자, 남동 등의 염전지대에서 생산되는 소금을 수송하기 위하여 1937년 8월에 개통되었다. 한때는 우리나라 유일의 협궤열차로 서해바다의 아름다운 경치를 구경하며 낭만과 추억을 쌓는 명소였지만 이용객이 점점 줄면서 경제성이 낮아져 1995년 12월 31일 운행이 중단되기에 이르렀다.

소래면에 살았던 나는 어릴 적부터 수인선 열차가 오가는 것을 보며 자랐다. 중학교를 그만두고 농사일을 돕던 시절, 아버지와 함께 야채나 곡물을 메고 수인선에 올라타 인천에 내다 팔기도 했다.

오래전 1960년 1월경으로 기억된다. 그 전 해에 중학교를 그만둔 나는 주경야독하던 시기였다. 그 즈음에 소래 지역에는 갯벌 개간사업이 한창 진행되고 있었다. 소래 갯벌은 넓게 내륙 안쪽으로 들어와 있어 토지로 개발하기에 유리한 조건이었다. 개발 사업을 주도한 사람은 홍용환 씨라는 사업가로 이북에서 내려오신 사람이었다. 지금 생각해보아도 그분은 사업적 열정이 높고, 의식도 있는 지성인이었던 것으로 기억된다. 갯벌 개간사업이 몇 년간 지속되는 동안 소래면 사람들은 농사가 없는 시기에는 틈틈이 개간사업에 나가 일을 해 생활에 큰 보탬이 됐다.

그해 겨울 그분은 우리 마을에 여학생 네 명을 데리고 와서 부녀자를 상대로 한글을 가르치게 했다. 20대 초반의 그 여성들은 서울에서 신학 대학에 다니는 사람들이라고 했다. 이 여성들은 매일 밤 동네 부녀자들을 사랑방에 모아서 한글도 가르치고, 세상 지식도 전해주며 시골 사람들의 문맹퇴치를 위해 활동했다. 상록수의 주인공 채영신과 같이 농촌 계몽운동에 앞장 선 분들이다.

어느 따뜻한 날 홍용환 씨와 여선생 넷이서 친구들과 놀고 있는 나를 불렀다. 오늘 저녁에 반월면(현 안산시 팔곡동)에 살면서 계몽운동을 하는 황인수 씨 댁에 가는데 같이 가겠느냐고 묻는 것이었다. 다른 형들이나 친구들도 여럿 있었는데, 나한테만 같이 가자고 한 이유는 지금도 모르겠다.

나는 그렇게 하겠다고 대답하고 집으로 가서 부모님께 허락을 받고, 그날 오후에 그 사람들을 따라 나섰다. 반월면으로 가려면 소래역에 나가서 수인선 열차를 타고 가야 했다. 오후 5시 열차를 기다리고 있는데 역직원이 나와서 인천에서 열차가 고장이 나 오늘은 열차가 내려오지 않는다는 것이었다. 그 말을

수인선 협궤열차가 다녔던 소래철교. 철교 넘어 APT공사가 한창이다.

들은 여선생들이 모두 실망하자 홍용환 씨가 역장실로 들어가 역장과 한동안 무슨 말인가를 하고 나오더니 갈 수 있다고 말했다. 알고 보니 선로 보수용으로 사용하는 작은 차량을 이용할 수 있게 된 것이다. 선로 보수 직원만 탈 수 있는 작은 차량이었다.

  우리는 그 차량을 타고가면서도 즐겁고 신이 났다. 아름답게 펼쳐지는 시골 풍경과 서해바다의 노을에 도시 처녀들이었던 그 여선생들은 탄성을 지르며 겨울 나들이를 즐기는 것 같았다.

심훈의 상록수

반월면 일리역(현 한양대역)에 내려 이런저런 얘기를 하며 걷던 중 홍용환 씨가 여선생들에게 어느 작은 교회당을 가리키며 '바로 저곳이 심훈의《상록수》에 나오는 채영신이 실제로 야학을 가르쳤던 교회당이야. 그리고 그녀 무덤이 저기 보이는 저 무덤이야."라고 말하는 것이었다. 여주인공 채영신이 서울에서 신학교를 졸업하고 바닷가 벽촌이었던 저곳에 와 젊음을 바쳐 선구적인 계몽사업을 했다는 것이다. 그때 나는 소설《상록수》를 알지 못했고, 읽어본 적이 없었기에 무슨 말을 하는지 잘 몰라서 부끄러운 생각이 들었다. 그 후 그 소설을 구해다 감명 깊게 읽었고《상록수》에 담긴 배경을 알게 되었다.

《상록수》는 작가 심훈이 경성농업을 졸업하고 대학에 진학하라는 권유를 물리치고 충청도 부곡리라는 농촌 마을에서 '공동경작회'를 만들어 농촌운동을 일으킨 심재영이라는 청년과 신학교를 졸업하고 수원군 반월면 천곡리에서 농민 계몽활동을 하다가 죽은 최용신이라는 여성을 모델로 하여 쓴 소설이다.

소설《상록수》에는, 심재영은 박동혁이란 인물로, 최용신은 채영신으로 이름이 바뀌어졌다. 당시 농촌 계몽활동의 선구자로서 갖은 어려움 속에서도 헌신적인 봉사활동을 한 두 사람의

5 | 소신 있는 행정

사랑과 삶이 잘 그려져 있다.

그런데 1980년대 중반에 그 《상록수》의 무대가 사라지게 될 위기에 처한 적이 있었다. 수자원공사에서는 《상록수》의 무대가 된 샘마을과 샘물교회를 놓고서 그 지역을 개발하기 위해서는 불가피하게 철거해야 된다고 주장하였다. 일부 의식 있는 사람들이 반대하고 나섰지만, 개발논리에 파묻혀 철거될 위기에 처한 것이다.

그런데 이때 강력히 반대를 하고 나선 사람이 있었는데 바로 반월출장소 김창진 소장이었다. 체신부에서 인력감축안을 시행하여 공직자들로부터는 좋지 않은 평을 받았었고, 내게 관사 보수공사를 시켰던 바로 그 소장이었다. 김창진 소장은 "도대체 무슨 소리냐? 샘물교회와 채영신 무덤은 역사적으로 보존할 가치가 매우 높은 곳이다. 저렇게 의미 있고 가치 있는 곳을 없앤다는 것은 있을 수 없는 일이다."라며 강력히 반대했다. 《상록수》의 무대는 그렇게 해서 보존되었고, 지금은 지역의 역사적인 명소가 되고 있다. 김창진 소장님의 공로가 매우 컸다.

항명 사건

1989년 1월 시흥, 군포, 의왕, 오산, 구리, 하남 등 6개 지역이 시로 승격하게 됐다. 따라서 승진 등 대폭적인 인사이동이 발생했다. 상정과에 근무하고 있던 나도 사무관으로 승진된다는 소문이 공공연히 나돌았다. 동료들이 "어느 시로 가게 됐어?"라고 물어 보며 농담을 하기도 했다. 과장, 국장님도 승진될 것으로 생각하고 있었다. 그런데 나를 포함 승진 예정자 6명이 탈락했다.

나는 감정을 참지 못하고 과장한테 따졌다. 과장은 이번 승진인사가 조금 매끄럽지 못한 것 같다고 인정하면서도 내 감정을 해소시켜줄만한 태도는 취하지 않았다.

오후에 탈락자 6명이 자연스럽게 만나 "사표를 내고 그만두자. 내일부터 출근하지 말자. 우리 같이 행동하자."라고 합의한 후 이튿날 출근을 안했다. 그러자 여기저기서 전화가 오고 출근하기를 설득했지만, 여섯 명은 그 다음날도 출근을 하지 않고 무언의 항의를 했다. 그러자 지방신문에 그 내용이 보도됐다.

신문보도 내용을 본 임사빈 도지사님은 "인사에 불만을 갖고 항명하는 놈들이 대체 어떤 놈들이지? 공무원 생활 몇 년 된 놈들이야? 인사에 불만이 있을 수는 있지만, 그렇더라도 참고 이해해야지 집단행동을 하다니 용납할 수 없는 일이야. 이놈들은 모두 연천, 포천, 가평, 여주, 파주 등 외곽지역으로 발령 내 보내!"라고 말씀하셨고, 총무과장(홍인화)께서 우리 6명을 불러놓고 도지사님의 지시사항을 전해주었다. 우리가 다시 홍 과장님께 항의하자 과장님은 "너희들 심정은 이해하지만 이렇게 기안해서 지금 가지고 오라고 하셨다. 나도 어쩔 수 없다."라고 말하는 것이었다.

결재 서류를 보여주며 얘기를 하니 우리는 얼굴이 굳어지며 아무 말도 할 수 없었다. 다들 속으로는 후회를 하면서 큰일 났다고 생각하고 있는 것 같았다. 우리가 서로 눈치만 보고 입을 다물고 있자, 홍 과장님은 "한 가지 방법이 있다. 오늘 저녁 지사님이 퇴근을 하시면 공관으로 찾아가 정중히 사죄를 한 번 해보라. 그러면 용서를 받을 수도 있다."라는 것이었다. 그러면서 지사님께서 용서해 주시면 다행이지만, 그렇지 않으면 연천 등 먼 곳으로 발령이 난다고 했다. 우리는 속으로 인사에 불만을 갖고 집단으로 항명한 처사에 대해 후회를 하고 있었다.

당시 임사빈 도지사님께서는 인정이 있으시고, 의리가 있으신 분이었다.

우리는 어찌할 도리 없이 지사님 공관으로 찾아가 현관에서 지사님께서 퇴근하기만을 기다렸다. 겨울철이라 날이 일찍 어두워졌다. 저녁 6시부터 기다렸는데, 7시가 되어도, 8시가 되어도 오시지 않았다. 우리들 중 한 사람이 "지사님이 정말로 우리들을 연천, 포천 같은 데로 보내려고 이미 결재해버린 것은 아닐까?"라고 근심스런 목소리로 말하자, 다들 한숨을 푹푹 내쉬거나, 담배를 피며, 몸을 잔뜩 웅크리고 걱정했다. 밤 9시가 넘어서야 출장을 가셨던 지사님께서 술에 만취해 공관에 들어오시더니 2층 침실로 그냥 올라가셨다. 공관 비서가 "지사님께서 술에 취하셨고, 피곤하시어 주무셔야 하니 내일 아침 일찍 다시 와서 말씀을 드려보세요."라고 하였다.

할 수 없이 각자 무거운 발길을 돌려 집으로 돌아왔다. 집에 돌아와 잠을 청했지만 잠을 이루지 못하였다. 다음날 아침 다들 공관 거실에 모여 지사님을 기다리고 있자, 한 참 후에 2층에서 지사님이 내려오셨다. 우리는 코가 마루에 닿도록 머리 숙여 인사를 했다.

"그래 너희들이 그놈들이구나. 인사에 항명을 하고 출근을 거부했다고? 그래…, 일단 다들 자리에 앉아라."라고 말씀하셨다. 자리에 앉자마자 우리는 무조건 "지사님 죄송합니다. 용서해 주십시오."라고 말하며 고개 숙여 계속 사과를 했다. 그러자 "내, 승진에서 탈락한 너희들 심정을 모르는 바 아니다. 그러나 인사에 항명을 한 것은 너희들 잘못이다. 공무원이 인사권과 예산권에 반기를 드는 것은 절대 있을 수 없다는 것을 너희가 모른단 말이냐?"

지사님이 훈계를 할 때마다 우리는 그저 "죄송합니다! 지사님. 죄송합니다! 지사님."을 연발하며 사죄드렸다.

"좋다. 너희가 뉘우치고 반성을 하니 이번 일을 덮어두겠다. 이번 인사는 서열을 중시하고 그 중 1명만 예외로 승진시켰는데, 내용을 자세히 알아보니 너희들 입장을 충분히 알 수 있게 되었다. 내가 다음 인사 때 너희들 모두 승진시켜 줄 것을 이 자리에서 약속하마."

"어이구 감사합니다, 지사님."

우리는 코가 마루에 닿도록 다시 인사를 올리고 물러나왔다. 그리고 4개월 후 나를 비롯하여 지난번에 탈락한 여섯 명만 승진했다. 지사님께서 약속을 지켜주셨다. 사실 공무원들이 인사권과 예산권에 도전한다는 것은 있을 수 없는 일이다. 요즘 같은 삭막한 시대에는 인사에 불만을 갖고 출근거부와 같은 항명을 한다는 것은 감히 생각도 할 수 없는 일이다. 그 당시만 해도 공직사회 분위기는 정이 있었고, 훈훈했다. 또한 집단으로 항명했던 우리가 사과를 하자 이를 받아들이고 관대하게 처분해 주신 임사빈 지사님도 지금은 고인이 되셨지만 멋진 분이셨다.

내 꿈은 공무원이었다

무허가 건물 난립

승진과 함께 나는 군포시청에 발령받아 2년 3개월간 근무하였다. 군포시청에서는 사무관으로서 공보실장을 했었다. 당시는 산본 신도시 개발이 한창 진행 중이던 때라 신도시 개발 관련업무가 군포시의 주요 업무였다. 신도시 택지지구로 고시된 곳에는 건축 허가를 불허했지만, 보상을 노리고 무허가 건물을 짓는 사람들이 많았다. 자고나면 여기저기 무허가 가건물이 우후죽순으로 늘어났다. 시청에서는 단속반을 투입해 무허가 건물들을 계속 철거해 나갔다.

당시 간부회의를 할 때마다 택지지구 내 무허가 건물 철거 문제가 주요 이슈가 되었다. 당시 시장님이 단속반장에게 현황을 물어보면 그때마다 단속반장은 매일 수십 채씩 때려 부쉈다고 보고를 했다. 보고를 받는 시장님은 단속반장에게 "수고한다!"며 칭찬했다. 시청에서 많은 예산을 들여 단속반장을 임시직으로 고용하여, 사전 예방과 철거 업무를 맡겼다.

그러나 최종 확인해 보니 오히려 처음보다 많이 늘어나 있었다. 그 일로 단속반장은 해임되고, 구속되었다.

호화 빌라 철거

공보실장 업무를 보던 어느 날 〈경기일보〉의 박종희 기자가 사무실로 찾아와 이런 말을 했다.

"수리산 자락에 ○○○ 장관님이 고급 빌라를 다섯 동이나 신축하고 있는데 혹시 알고 계십니까?"

"아니, 그런 일이 있습니까?"

"그 지역은 건물을 신축할 수 없는 산본 택지개발지구입니다. 그러면 불법 건축물 아닙니까?"

"그렇지, 불법이지요."

"그 건물이 누구 것인지 한번 알아보세요. 만약 즉시 철거되지 않으면 제가 조금 더 심층 취재를 해서 기사로 쓰려고 합니다."

"아니 잠깐 기다려 봐요. 내가 한번 알아볼 테니 기사를 잠시 보류해줘요."

박 기자가 말한 내용을 관련 부서에 알아보니 그 내용이 사실이었고, 나는 문제가 심각하다고 판단해 시장님께 보고드렸다. 시장님의 반응이 무덤덤했다. 별 문제도 없다는 반응이었다. 이미 알고 계신 것 같았다. 나는 "시장님, 그렇지만 가건물도 아니고, 다섯 동이나 되니 기사화되면 좋지 않을 것 같습니다."

라고 다시 말했다. 내가 다시 문제 발생 가능성을 보고하자, 시장님은 장관 비서관에게 얘기해 보라는 것이었다.

당시 장관 비서관은 나와 도청에서 같이 근무했던 분이었다. 내가 그 비서관에게 전화를 걸어 상황 설명을 하고, 문제가 확대되기 전에 빨리 공사를 중단하고, 조치를 취하는 것이 좋겠다고 말해 주었다. 그러자 그 비서관은 장관님과 상의를 하고 연락을 주겠으니, 그 기사가 보도되는 것은 일단 막아달라고 했다. 그래서 나는 박 기자에게 "무슨 조치가 있을 것 같으니 조금 더 기다려 달라."고 부탁했다. 그리고 한 1주일쯤 후에 박 기자가 그 건축주가 누구인지 이미 다 알고 있고, 취재는 물론 기사도 다 써놨으니 기사를 내보내야 된다는 것이었다. 나는 박 기자에게 사정하면서 조금만 더 참아달라고 했다.

"이봐요, 박 기자님. 기자로서의 역할이 무엇인지 잘 알지만, 곧 조치를 취한다고 하니 한 달만 기다려 줄 수 없겠어요?"

"한 달씩이나요? 그 사이에 만약 다른 기자가 그 사실을 취재하고 써버리면 나는 뭐가 됩니까? 곤란하네요. …… 알겠습니다. 그럼 이 내용은 절대 비밀로 해주시고, 만약 한 달 후에도 아무런 조치가 없으면 바로 기사로 나갑니다."

나는 그 뒤 비서관에게 전화를 했으나, 별 조치가 없이 날짜만 흘러갔다. 그리고 약속한 한 달이 되는 날 박 기자로부터 내게 전화가 왔다. 그러더니 "어제 그 빌라 건축 현장에 나갔는데 공사가 마무리 단계더군요. 몇 시간 후에 기사가 나가니 그리 아십시오."라고 통보하고는 전화를 끊었다. 그러더니 바로 그 날 〈경기일보〉 1면 톱으로 대대적으로 보도되었다. 다음날부터는 중앙지와 TV방송에서 연이어 내무부장관 빌라 건축현장을 취재하고, 보도하기 시작했다.

군포시청은 물론, 도청까지 난리가 났다. 현직 장관이 택지개발지구 내에 불법으로 고급 빌라를 신축한다고 하니 매스컴의 집중 타격을 받게 된 것이다. 결국 그 빌라는 철거됐다.

곰 쓸개즙과 호화 별장

산본 택지개발지구 내에 가장 넓은 땅을 가진 사람은 이재형 씨였다. 이재형 씨는 일제 강점기 때 일본 주오대학 법학부를 졸업하고 금융계에서 활동하다가 1948년 제헌국회의원으로 출발해 민의원, 상공부장관, 국회의장 등을 지낸 정계의 거물이었다. 유신헌법 이후 정계를 떠났던 그는 제5공화국 출범과 함께 정계에 복귀, 다시 국회의원이 되었고 민정당 대표위원과 당의장을 지낸 지역의 대표적인 권세가였다. 이재형 씨가 소유한 땅은 서북향으로는 수리산 자락이 감싸 안고, 동남향으로는 평탄한 지세가 펼쳐지는 명당이었다. 산본 택지지구 가운데 수십만 평 정도가 이재형 씨 땅이었으니 그 규모가 엄청났던 것이다. 이재형 씨는 자신이 가진 땅 중 수리산 자락에서 가장 위치가 좋은 곳에 넓은 별장을 소유하고 있었다.

택지지구 사업이 진행되던 어느 날 나는 직원 몇 명과 함께 별장을 구경 갈 수 있었다. 정말 넓고, 호화롭게 잘 지어진 고급 별장이었다. 별장 앞으로는 운동장만한 잔디밭이 조성되어 있었고, 별장 주변에 가꾸어진 정원은 고급스럽고 아름다운 정원수들이 심어져 있었다. 별장 뒤편 숲까지 모두 정원이라고 하는데 정원에 심어진 나무들의 가치는 돈으로 환산할 수 없을 정도로 희귀목이 많았다.

또한 별장 내부의 거실과 응접실 등에는 각종 그림과 고서화, 도자기들이 놓여있었는데 우리 같은 평범한 공무원들 눈으로 보기에도 매우 진귀한 것들로 보였다. 그 호화로움과 규모에 감탄도 하면서 별장을 둘러보던 중 별장 한쪽에 있는 곰 우리로 가서 곰들을 구경했다. 곰 우리에 가서 보니 수십 마리의 곰들이 철창 속에 갇혀있었는데, 대부분 드러누워 있었다. 그 곰들의 발목에는 쇠줄이 묶여 있었고, 몸에는 작은 호스가 연결되어 있었다. 알고 보니, 곰쓸개에 호스를 연결하여 쓸개즙을 보약으로 받아 마신다는 것이다.

몇 년 후에 곰 사육장과 쓸개즙 채취가 이슈화되며 방송과 신문 등에 보도된 일이 있었지만, 처음 보는 일이라 신기하고 끔찍한 느낌이 들었다. 철창 안에 힘없이 쓰려져 쓸개즙을 뺏기고 울고 있던 곰들에게는 참으로 고통스럽고 잔인한 일이 아닐 수 없었다.

많은 권세와 부를 가졌던 이재형 씨도 국가적 사업인 신도시 사업 앞에서는 무력하게 물러설 수밖에 없었다. 이재형 씨는 산본 신도시 건설을 추진하는 당국에 자신의 별장 주변을 신도시 공원용지로 지정하고, 공원용지로 이미 지정된 다른 곳을 택지로 해달라는 요청을 하였다. 즉, 자신이 가진 수만 평 중 상당 부분을 차지하던 별장과 정원은 나무와 숲이 잘 조성되어 있으니 그곳을 공원지구로 지정해 달라는 것이었다. 그렇지만 그 요청은 거부되었다. 도시계획상 그 위치는 택지지구가 되어야 합리적이었고, 이미 계획도 확정되어 있어 택지지구로 지정될 수밖에 없었다. 이재형 씨가 정부에 거듭 요청을 했지만, 당시는 이미 이재형 씨와 친분이 두터웠던 5공이 끝나고, 6공의 전성기로 접어든 시기였다.

그렇지만 이재형 씨는 자신의 땅을 국가에 수용시키면서 상상하기 힘든 거액의 보상금을 받아갔다. 천문학적인 재산을 소유하고 곰을 사육까지 하면서 천수를 꿈꾸었을지라도 그 역시 80을 넘기지는 못하고 고인이 되었다.

6
해외여행 일기

일본

　　　　　　내가 해외여행을 처음 하게 된 것은 1995년 도청 청소년과에 근무할 때였다. 도내 모범청소년 15명을 인솔하여 경기도와 자매결연을 맺은 일본 가나가와현으로 견학을 간 것이다. 가나가와현과 경기도는 년 1회 모범 청소년의 상호방문을 통하여 청소년 교류를 확대하고 있었다. 난생 처음 가는 해외여행으로 일본이라는 곳을 가보니 여러 가지 배울 점이 많았다. 가나가와현의 청소년 업무 담당자는 우리 일행을 국빈 대우하듯 따뜻하게 영접하였고, 회견장 등 모두가 최상의 예우를 해주었다. 공식일정을 마치고 일행은 일본의 상징이기도 한 가나가와현에 있는 후지산에 갔다. 안내를 맡은 가이드는 후지산을 바라보면서 날씨가 좋아 최고 지점까지 갈 수 있다고 했다.

우리는 버스를 타고 정상을 향해 올라가고 있었다. 그런데 버스가 산을 어느 정도 오르자 갑자기 안개가 자욱하게 깔려 더 이상 올라갈 수 없었다. 갑자기 날씨가 변덕을 부리는 것이다. 할 수 없이 더 이상 올라가는 것을 중단하고 근처에 있는 호수를 구경하기로 했다.

후지산 중턱 830미터 고지에 있는 가와구치 호수는 그야말로 아름다운 청정호수였다. 일행들은 호수의 푸른 물과 아름다운 후지산, 호수 건너편에서 불어오는 잔잔한 바람을 온몸으로 느끼며 호수 주변을 거닐었다.

호수 주변에는 음식점과 숙박업소 등 다양한 형태의 위락시설이 많이 보였다. 그럼에도 불구하고 호수 물을 그냥 마셔도 될 만큼 맑고 깨끗했다. 경기도 지역에 산재한 여러 호수와 비교할 때 하늘과 땅 차이였다. 후지산 주변 호수들은 주변 위락시설 하수시스템이 상상할 수 없을 정도로 철저히 관리되어 단 한 방울의 생활하수도 호수로는 흘러들지 않는다는 것이었다.

후지산에는 후지 5호라 하여 다섯 곳의 아름다운 호수가 있다. 가와구치 호수, 야마나카 호수, 사이 호수, 쇼지 호수, 모토스 호수이다. 다섯 곳 호수 모두 호수 주변에는 숙박 시설과 위락 시설이 잘 갖추어져 있으면서도 모두들 청정호수로 유명하다고 하니 부럽기만 했다.

나는 가나가와현의 하수종말처리장에 견학을 가보았을 때도 일본 공무원들이 얼마나 철저한 직업정신을 가지고 있는지 알 수 있었다. 가나가와현의 생활하수들이 흘러들어와 그곳에서 걸러지고 정화되어 바다로 내보내지는 시설이다. 나는 서울과 경기도의 하수종말 처리시스템을 본 적이 있지만 그곳처럼 체계적이고 앞서가는 기술로 처리하는 곳은 못 보았다.

우리는 시설 강당에서 가나가와현 담당 공무원들이 설명하는 슬라이드 브리핑에 참관하고, 직접 종말 처리장에 가서 오염된 물이 정화되는 과정을 보았다. 가나가와현의 모든 폐수들이 정화 과정을 거쳐 바다로 나가고 있었는데, 마지막 단계의 물을 받아 놓은 곳에서는 물고기들이 살고 있는 것을 볼 수 있었다.

우리는 거대한 도시 동경에서 다양한 광경을 체험하고, 오사카로 이동하기 위해 고속철인 신칸센을 탔다. 당시 한국에도 고속철도가 건설 중이었고, 신칸센에 대한 정보를 어느 정도 알고 있었지만, 신칸센은 정말 대단했다. 시속 300킬로미터로 달리는 열차를 타고 있는데도 눈을 감고 있으면 도대체 열차가 철로를 달리고 있는지 알기 힘들 정도였다. 차창 밖을 보니 풍경들이 빠르게 지나갔고 소음이나 진동도 없이 고요히 시간만 흐르는 느낌이었다.

가나와현 청소년 담당 과장과 만찬장 담소

미국, 비행기를 놓치다

미국은 두 번 갔다. 첫 번째는 2000년 5월 장기근속 공무원들과 같이 갔고, 두 번째는 2002년 3월 백청수 시장님을 모시고 디트로이트 자동차 부품 박람회에 참석한 것이다. 장기근속 동료들과의 여행은 캘리포니아 주, 네바다 주, 애리조나 주, 유타 주 등 4개 주를 12일 동안 둘러보는 길고도 즐거운 여정이었다. 우리가 그 지역을 돌아다닐 때는 광대한 지역을 여행한다고 생각했는데 한국에 돌아와 지도에서 다시 보니 미국 서부의 작은 부분에 지나지 않아 미국이 얼마나 큰 나라인지 다시 알 수 있었다.

우리 일행은 LA에 도착해 하루를 보내고 다음날 네바다 주 라스베이거스까지 비행기로 가기로 했다. 다음날 아침 우리는 한인 타운에 있는 설렁탕집을 찾았다. LA에서 유명한 설렁탕집이라고 해서 일부러 찾아가 설렁탕을 먹기로 한 것이다. 가서 보니 정말 그 집을 다녀간 정치인과 연예인, 스포츠 스타 등의 사진과 사인이 많이 걸려 있었다. 설렁탕을 신나고 맛있게 먹은 것까진 좋았는데, 그만 라스베이거스로 가는 비행기를 놓쳐버렸다. 헐레벌떡 뛰어간 공항에서 비행기를 놓치고 코리아 촌놈들처럼 마냥 서있던 우리들은 할 수 없이 자동차를 렌트하여 라스베이거스로 가기로 했다. 나를 비롯하여 몇 명은 국제면허증을 발급받아 가지고 왔던 참이라 미국에서도 운전이 가능했다.

자동차 3대를 렌트하여 나눠 탄 우리는 LA를 빠져나와 라스베이거스를 향해 광대한 사막지대 사이로 난 고속도로를 신나게 달렸다. 외국에서의 운전이라 처음에는 조심했으나 끝없이 펼쳐진 도로에 오가는 차량도 거의 없어 마음껏 엑셀을 밟아 나갔다. 50대 후반에 들어서던 나도 드넓은 미국 땅에서 젊은 사람들과 같은 열정과 자유로움을 만끽했다.

점심시간이 되어 휴게소를 찾았으나, 우리가 생각했던 고속도로 휴게소는 보이지 않았다. 계속 달리다 보니 드라이브 인 패스트푸드점이 보여 그곳으로 들어갔다. 차를 몰고 입구로 들어가 버튼을 눌러 주문을 하고, 계산을 하면 출구에서 음식을 내주는 곳이었다. 모든 것이 서투른 우리는 자동차를 주춤주춤 운전하여 주문하고 주춤주춤 음식을 받아가지고 주차장 쪽 파라솔 의자에 앉아 점심식사를 하였다. 한국에도 요즘은 드라이브 인 패스트푸드점이 몇 곳 운영 중이지만 우리나라와 같은 좁은 나라에서는 얼마나 효과가 있을지 의문이 든다.

Holly wood 앞에서

사막에 세워진 라스베이거스

　　　　　　　　　　드디어 사막 한가운데 건설된 휘황찬란한 국제적인 유흥도시 라스베이거스에 도착했다. 라스베이거스는 1930년대 세계대공황을 극복하기 위해 미국 정부에서 테네시 강에 댐을 만들어 발전용으로 사용하려는 다목적 공공사업을 하기 위해 임시로 노동자들을 거주하게 했던 장소이다. 건설 노동자들의 천막촌이 지금의 화려한 라스베이거스로 변신한 것이다. 사방에 보이는 거대한 호텔들과 카지노, 쇼핑센터와 놀이시설 등을 구경한 우리 일행은 놀라움으로 눈이 휘둥그레질 수밖에 없었다. 한국에서는 볼 수 없던 거대한 음악 분수가 여러 가지 음악에 정밀하게 맞춰지며 아름다운 물결을 만들어 내는 것을 보고 모두 감탄했다. 우리들은 카지노에 들어가 슬롯머신을 당겨보며 난생 처음 카지노 도박도 즐겨보았다. 라스베이거스에서 오후 늦게까지 실컷 구경하고 즐긴 우리는 다시 차를 몰아 숙소로 향했다. 여유롭지 못한 일행은 라스베이거스 호텔에서 잠을 잘 수 없었서, 값싼 유스호스텔을 예약해 두었기 때문이다. 라스베이거스 외곽에 있다는 숙소까지 차를 몰고 가는데도 몇 시간이 걸렸다. 하여튼 엄청나게 넓은 나라 미국이었다.

그랜드캐니언

　　　　　　　　　　이튿날 우리는 그랜드캐니언으로 출발했다. 애리조나 주를 가로질러 가는 그 길은 멀고도 아름다운 길이었다. 가는 도중 1박을 하고, 다시 애리조나 황무지 사이로 난 길고 긴 도로를 달려가는데, 끝없이 펼쳐진 지평선과 작은 구릉들은 서부영화에서 보던 그 풍경 그대로였다. 가도 가도 계속 가는 2차선 도로 위로 차 한 대 지나치는 것을 보기 힘들었고, 선인장과 모래언덕과 먼 지평선만 보일 따름이었다. 누군가 "카우보이, 카우보이, 애리조나 카우보이, 광야를 달리는…."이라는 노래를 흥얼거리자 모두들 서부시대의 카우보이가 된 듯한 기분에 취해 노래를 따라 불렀다. 이렇게 광대한 대륙 땅을 걷고 또 걸어서 동부에서 서부로 나아가 지금의 발전된 서부연안 도시를 만들어낸 개척시대 미국 사람들은 정말로 위대했다.

　　달리고 달려 애리조나 북부에 있는 그랜드캐니언에 도착해 전망대에 올라간 우리는 그 광대하고 장엄한 풍경에 다시 또 놀랐다. 그랜드캐니언은 협곡 평균 너비가 6킬로미터에서 30킬로미터에 달하고, 깊이는 약 1.5킬로미터에 이른다고 한다. 세계적으로 유명한 이 협곡은 콜로라도 고원을 가로질러 흐르는 곳에 형성되었다. 원래 콜로라도 강이 흐르던 곳에 콜로라도 고원

일부가 융기하여 거대한 협곡층이 생긴 것이다. 계곡 벽에는 시생대 이후 7억 년 동안 진행된 많은 지층이 나타난다. 지층의 빛깔은 적색 또는 주황색이다.

계곡의 폭이 넓고, 깊이가 깊어 헬기를 타고 관광을 해도 한참 걸린다는 그곳을 전망대에서 바라보던 우리들은 위대한 대자연 앞에서 먼지처럼 작고 보잘것없는 인간 존재들이었다.

우리는 다시 1930년대 건설한 후버댐을 구경하고, 미국 서쪽 관문인 샌프란시스코로 돌아와 금문교를 구경하고, 거기서 1박을 했다. 바다를 가로 질러 놓인 금문교 밑으로는 무수히 많은 컨테이너선이 오고갔다. 대부분 태평양을 가로질러 아시아 국가들로 나가거나 들어오는 컨테이너 무역선들이라는 그 배들을 바라보며 나는 이 세계를 움직이는 미국이라는 나라의 거대한 에너지를 다시 한 번 느꼈다.

디트로이트시 자동차 부품 박람회 참석

2002년 3월 백청수 시장님, 박병윤 국회의원님, 조시영 시흥상공회의소 회장님, 이준식 시화수출진흥재단 대표님, 허우영 우신시스템 대표님 외 열 분의 기업체 대표님들을 모시고 디트

사우스필드 시장(가운데)과 면담. 시계 방향으로 네 번째 백청수 시장님, 필자

로이트시에서 개최되는 자동차 부품 박람회에 참석했다.

GM 등 세계 굴지의 자동차 회사 본사가 있는 도시로서 말 그대로 자동차 도시인 디트로이트시에서는 해마다 자동차 부품 박람회가 개최되고 있다. 시흥시 시화공단에 있는 4천여 기업체 중 자동차 부품 관련 기업체가 7백여 개나 되는데 이 업체들은 매년 열리는 자동차 부품 박람회에 필히 참석하게 된다.

박람회 건물은 상상을 초월하는 커다란 크기의 돔 형식 건물로 세계 각국에서 참석한 업체들로 만원을 이뤘다. 그야말로 눈에 보이지 않는 치열한 생존경쟁의 현장임을 느낄 수 있었다.

우리 업체에서 설치한 부스를 일일이 다니며 많은 외국인들

디트로이트 시장(가운데)과 면담. 시계 방향으로 두 번째 백청수 시장님, 네 번째 조시영 상공회의소 회장님, 필자

이 상담하고 있는 것을 보고 마음이 흐뭇해졌다. 우리나라 자동차 부품의 우수성을 알고 해마다 많은 외국인들이 구매 계약을 체결한다고 했다. 해를 거듭할수록 자동차 부품의 우수성이 널리 알려져서 우리나라 기업이 전 세계를 재패하는 날이 빨리 오기를 기원한다.

런던에서 본 로제타스톤

　　　　　　　　　　　유럽 여행은 시흥시에서 총무국장으로 일을 하던 2002년에 직원들 열 명과 함께 다녀왔다. 일본과 미국을 여행하면서 그 나라의 선진적 시스템과 광대한 자연에 충분히 감탄했던 나는 유럽으로 여행을 떠날 때는 별 설레는 것도 없이 직원들의 인솔자로서 여유 있게 출발했다. 한국을 출발한지 10시간 가까이 지나서 네덜란드의 수도 암스테르담에 도착했다. 암스테르담은 유럽의 교통 중심지이다. 세계 각지에서 온 사람들이 암스테르담을 거쳐 유럽 각지로 떠난다는 것을 알 수 있었다. 우리도 암스테르담에서 오래 머무르지 않고 런던으로 바로 출발했다.

　　런던에서는 1박을 하며 런던 시내 구경을 주로 했다. 런던 박물관으로 가서 대영제국이 세계 각지에서 수집해 온 인류의 위대한 문화유산들을 관람했다. 박물관에 귀중한 유물이 너무 많아 내 눈과 지식으로는 모두 소화하기 힘들 정도였다. 지금까지 기억에 남는 것이 하나 있다. '로제타스톤' 이라는 거대한 바위 유물이었다. 로제타스톤은 1799년 나폴레옹 군대가 이집트를 정복했을 때 나폴레옹을 따라간 유럽의 역사학자들이 프랑스로 가져갔다가 나중에 영국에 뺏긴 것이다. 이 유물은 지금으로부터 약 2,200년 전 거대한 바위 위에 상형문자로 이집트 왕의 업적을 새겨놓은 것이었다. 이 유물에 새겨진 상형문자는 나폴레옹이 후원했던 프랑스 학자 존 푸랑수아 상폴리옹이 해독했다고 한다. 이 상형문자가 해독됨으로써 그때까지 풀리지 않고 있던 고대 문명에 관한 정보를 비로소 인류가 알 수 있게 되었다.

나는 이 위대한 유물을 보면서 인류 문명과 양심이 더욱 발전하는 미래의 언젠가는 저 유물이 원래 놓여있던 이집트로 보내질 수도 있을 것이라고 생각하였다. 우리는 런던에서 유로스타(EURO-Star) 열차를 타고 도버해협을 건너 프랑스 파리로 갔다. 런던에서는 이것저것 구경을 하면서도 별로 놀랄 일이 없었던 나는 파리의 베르사유 궁전을 보고서는 감탄하지 않을 수 없었다. 1700년대 프랑스 왕족이 살았던 베르사유 궁전은 화려함의 극치 그 자체였다. 이렇게 방대하고 화려한 궁전에 어울리는 삶을 살기 위해서는 왕족들의 절대 권력이 얼마나 막강했고, 얼마나 사치스러웠는지를 가늠하기 힘들 정도였다.

스위스의 푸른 밤

우리는 다음날 테제베(TGV)를 타고 스위스로 향했다. 일본에서 신칸센을 타보고 그 속도와

안정성을 경험한 나는 같이 간 직원들에게 신칸센과 TGV를 비교하며 설명해 주었다. 신칸센도 우수하지만 테제베는 더 우아한 성능과 아름다움을 지닌 것처럼 느껴졌다. 고요히 유럽 들판을 가로지르는 열차 안에서 창밖을 보면서 나는 우리나라에서 중국 대륙이나 시베리아를 가로질러 유럽까지 달리는 고속열차가 운행될 날을 상상해 보았다.

스위스의 인터라켄이라는 지역에 도착하여 케이블카와 비슷한 톱니바퀴 궤도 열차를 타고 알프스 필라투스 산으로 올라갔다. 산 정상 부근까지 올라가는 도중에 보이는 알프스 산맥 아래의 푸르른 목초지와 호수들, 달력 사진에서 볼 수 있는 그림 같은 집들은 너무 깨끗한 자연 그대로였다. 호수는 푸른 하늘처

필라투스산 정상에서

럼 투명하게 맑았고, 산자락 여기저기에는 사슴들이 평화로이 풀을 뜯고 있었다. 스위스 사람들이 누리는 자연의 혜택이 부럽기만 했다.

스위스에서는 1박을 했는데, 밤늦도록 직원들끼리 정담을 나누다가 잠시 운동을 하기 위해 밖으로 나왔다. 건강관리를 위해 언제 어느 곳에서든지 조깅을 하는 나는 여행지에 가서도 잊지 않고 조깅을 하는 습관을 가지고 있었다. 일본에서도, 미국에서도 조깅을 했다. 스위스의 작은 마을 밤공기는 더할 수 없이 상쾌했고 거리는 조용했다. 밤하늘은 태어나서 처음 보는 묘하고 아름다운 푸른 어둠의 색깔이었다. 밤하늘이 얼마나 맑던지 하늘에 뜬 별들이 바로 손에 잡힐 듯이 밝고 총총했다.

우리는 스위스에서 산맥을 가로지르는 도로를 따라 버스를 타고 이탈리아로 넘어갔다. 밀라노에 들러 밀라노 대성당을 찾아가 구경을 했다. 높고, 거대하고, 웅장하고, 존엄성까지 느껴지는 밀라노 대성당은 지붕을 떠받치는 기둥 둘레를 서너 사람이 안아야 서로 닿을 정도로 거대한 크기였다. 폼페이 유적지로 가서 베수비오 화산 폭발로 인한 비극적인 현장도 구경한 우리는 최종 목적지인 이탈리아 수도 로마로 갔다.

고대 문명의 도시 로마

　　　　　　　　　　로마는 도시 전체가 거대한 유적지였다. 로마에서 가장 감명 깊게 본 것은 거대한 원형경기장인 콜로세움이었다. 2000년 전에 그 정도로 크고 높은 건물을 건축했다는 사실이 도무지 믿기지 않았다. 사실 유럽의 다른 나라들에 비해 이탈리아는 거리도 별로 청결치 못하고, 자동차와 사람들도 무질서하여 우리는 이탈리아 사람들을 약간 편하게 생각하고 있었지만 콜로세움 유적을 구경하면서 위대한 로마문명을 탄생시킨 그들 조상들에게 깊은 찬사를 보내지 않을 수 없었다.

　거리를 다니면서 초등학교 때 교과서에서 배운 단편 에세이 내용이 생각났다. 19세기에서 20세기 초까지 다른 유럽 나라들에서처럼 이탈리아에서도 많은 사람들이 여객선을 타고 미국으로 이민을 떠났는데, 그 배 안에는 다양하고 많은 사람들이 타고 있었다. 그런데 열두, 세 살 정도의 한 소년이 가족도 없이 혼자서 배에 탔다. 소년은 명랑하고 부지런해 배 안의 사람들에게 귀여움을 받았다. 하루는 고급 선실에서 소년이 잡일을 하고 있었는데 탁자에 모인 귀부인 몇 명이 소년을 불러 귀엽다고 칭찬하면서 동전을 주었다. 소년은 감사 인사를 하고 곁에서 다시 바닥 청소를 하는데, 그 귀부인들이 이런 소리를 하는 것이었다.

"이제 이탈리아 여행은 다시 하지 않을래. 이탈리아는 사람들도, 길거리도 너무 지저분하고 더러워."

"그래 맞아. 이탈리아 사람들은 아직도 사기꾼 같고, 도둑들은 왜 그렇게 많은지 몰라. 이탈리아 사람들은 옛날이나 지금이나 도무지 변한 것이 없단 말이야."

그 귀부인들이 이탈리아에 대한 험담과 흉을 보며 수다를 떠는 것이었다. 이 말을 옆에서 계속 듣게 된 어린 소년은 하던 일을 멈추고, 자리에서 벌떡 일어나 주머니에서 동전들을 꺼내 그 귀부인들 발밑으로 모두 던져버렸다.

"부인들, 이탈리아를 욕하는 부인들 입이 더럽습니다. 내 형과 누나들이 살고 있는 조국 이탈리아를 욕하는 부인들을 저는 용서할 수 없습니다. 내게 준 이 더러운 동전들은 필요 없어요."

영리하고 애국심 강한 이탈리아 소년의 당당하고 자존심 강한 행동은 배에 탄 많은 사람들에게 큰 감명을 주었다.

이탈리아 국민의 애국심을 잘 알 수 있는 하나의 사례이다.

알프스와 나폴레옹

　　　　　　　　　　우리 일행은 로마와 나폴리 여행을 마치고 다시 암스테르담으로 가기 위해 비행기를 타고 알프스 산을 넘어갔다. 나는 비행기 창으로 알프스 산맥을 내려다보았다.

　역사상 군대를 이끌고 알프스 산맥을 넘어간 장군이 여러 명 있었지만, 보나파르트 나폴레옹이 가장 극적이고 영웅적인 장군이 아닐까 생각한다. 이탈리아 남쪽 섬 시칠리아에서 태어난 나폴레옹은 어릴 때부터 영리하고 공부를 잘해 기숙사 학교 신부의 추천으로 사관학교에 입학하여 군인의 길을 걷게 된다. 사관학교에서도 우수한 학업과 뛰어난 리더십으로 성적이 최고였지만, 명문가 출신이 아니었던 관계로 왕실 친위대나 파리 근교가 아닌 최전방에서 군대 생활을 시작한다. 크고 작은 전투에서 연전연승을 거듭한 나폴레옹은 마침내 전군이 절대적으로 복종하는 최고 사령관의 지휘에 오르게 된다.

　그런데 이때 프랑스는 혁명의 소용돌이에 휩싸인 시기였다. 왕족과 귀족들은 베르사유 궁전을 중심으로 향락과 사치에 빠져 있자 농민들과 민중들이 혁명을 일으켜 왕정을 몰락시키고 혼란을 거듭하며 민주주의를 향해가는 새로운 정치질서가 나타나고 있었다. 절대왕정을 몰락시킨 프랑스 혁명이란 위대한 시대정신은 나폴레옹 군대가 이탈리아, 오스트리아, 러시아, 프로이센을 점령하게 되면서 유럽 각 나라로 불길처럼 퍼져나간다.

이후 혁명의 물결을 두려워한 영국과는 친선 조약을 맺고 나폴레옹 자신이 황제로 즉위하면서 몰락의 길을 걷게 되었다. 그러나 그가 지구상에 남긴 혁명의 정신은 새로운 세계 역사가 펼쳐지도록 하였다.

우리가 지금 민주주의 시대에서 자유롭게 살 수 있게 된 것이 "내 사전에는 불가능은 없다."라는 말을 외치며 알프스 산맥을 넘어간 나폴레옹의 위대한 결단에서 시작되었다고 말할 수 있다. 만년설로 뒤덮인 웅장한 알프스 산맥을 보면서 나는 역사를 바꾼 위대한 인물에 대한 상념에 젖어들었다.

7
토박이의 시흥 사랑

성공한 고가도로

1993년 시흥시청 지역경제과장으로 근무하고 있을 때이다. 그 즈음 인천에서 수원으로 이어지는 42번 국도를 시흥 시내에서 교차하는 또 다른 도로 건설이 추진되고 있었다. 그 도로는 부천에서 대야, 신천 등을 거쳐 해안가 도로로 이어지는 4차로 도로인데, 설계가 완료되는 시점이었다. 그 도로 계획을 보니 두 가지 문제점을 지니고 있었다. 첫 번째는 42번 국도와 교차하는 지점이 평면 교차하는 것으로 되어 있었다. 새로 만들어지는 도로가 42번 국도와 교차하게 되어 있었는데, 이 교차로가 평면 교차로로 설계되어 있는 것이었다.

　나는 평면 교차로가 상당한 문제점을 안고 있다는 것을 쉽게 알 수 있었다. 인천에서 수원을 통과하는 42번 국도를 이용하는 차량은 대단히 많았다. 42번 국도를 교차하는 곳을 고가화하지 않고, 평면 교차로로 건설하고 신호등을 설치한다면 시내 교통이 극심하게 정체될 것은 분명했다. 당시만 해도 시흥시 차량이 그렇게 많지는 않아 담당 부서에서는 크게 문제될 것이 없다고 보았던 모양이다. 그러나 나는 앞으로 시흥시 인구와 차량 물동량이 증가할 것으로 보았다. 그럴 경우 평면 교차로가 야기하는 교통 정체는 시흥시의 경제 발전에까지 악영향을 끼칠 것이 틀림없어 보였다. 나는 그 문제를 해결하지 않으면 안 되겠다는 생각으로 건설과장을 만나 내 생각을 주장했다. 평면 교차로로 건설하면 반드시 교통정체가 지속되다가 나중에 다시 입체 교차로로 재공사를 할 것이 예상되니 처음부터 입체 교차로로 건설해야만 된다고 주장했다.

　두 번째 문제는 그 도로의 종점인 월곶까지는 공유수면, 폐염전을 지나야 하고, 해발 150여 미터의 산을 넘어가야만 했다. 그런데 이곳을 터널로 하지 않고, 산등성 상당 부분을 깎아내려 도로를 개설해 산을 넘어가도록 설계되어 있었다. 산을 깎는 것도 문제였고, 산을 넘어가게 되면 도로의 위치가 높아 해안 도로와 연결시키는 데도 문제가 발생할 것으로 예상되었다. 그래서 나는 그 지점은 터널로 해야 된다고 주장했다. 터널로 하면 자연환경도 보호하고, 미관에도 좋으며, 해안가 도로와도 균형 있게 연결되기 때문이다.

그러나 공영개발사업단 관리과장은 그렇게 하는 것이 불가능하다는 대답을 했다. 예산이 부족하다는 것이다. 두 지점에서 발생하는 문제점을 지적한 내 의견에는 동의하지만 그렇게 공사하려면 입체 교차로에 50억, 터널 공사에 50억 등 모두 100억 원의 예산이 더 필요하다는 것이다. 그러면서 나에게 그 예산을 마련해 주면 그렇게 공사를 할 수 있다고 말한 그는 남의 일에 너무 지나치게 간섭하지 말라는 얘기까지 했다. 시청의 지역경제과장에 불과한 나는 100억 원의 예산이 추가로 필요하다는 말에 고심하지 않을 수 없었다. 시흥시의 미래를 위한다면 다소 무리가 있더라도 시 예산을 더 투입하여 입체 교차로와 터널을 만드는 것이 합리적이라고 주장했지만, 나는 정책결정자도 아니고, 주무부서 책임자도 아니었다.

그러나 시흥시에서 태어나 시흥시에서 살고 있는 나는 시흥시의 미래를 생각하지 않을 수 없었다. 영원한 내 고향 땅 시흥이 더 좋은 방향으로 나아갈 수 있는 정책이 있음에도 불구하고 그것이 무시되고 잘못된 방향으로 나가고 있는 것을 못 본 채

7 | 토박이의 시흥 사랑

할 수는 없었던 것이다. 그래서 며칠 동안 해결방안을 모색하던 중 당시 도의원 한인수 씨를 만나서 자세하게 상황 설명을 한 후 도움을 요청했다. 최고의 인기 탤런트였던 한인수 씨는 당시 경기도 도의원을 하고 있었는데, 그도 시흥시가 고향이었으며 소래초등학교 2년 후배이기도 하다.

한인수 의원은 내 얘기를 듣고 난 후 "알겠습니다. 예산을 확보해 보겠습니다. 김 과장님, 우리 모두 시흥 사람들이니 한 뜻이 되어서 추진해야 합니다."라고 말하면서 적극적으로 돕겠다고 했다.

한인수 씨는 입체 도로화에 대한 내 생각에 적극 지지를 보내주고 예산 확보를 위해 노력하기로 약속해 주었다. 그 도로 건설을

인기 탤런트 한인수 씨의 도움으로 고가화 된 서해대로

내 꿈은 공무원이었다

위해 도에서 추가로 예산을 확보하는데 여러 가지 어려움이 있었음에도 한인수 씨는 이를 극복하고 30억 원을 확보해왔다. 30억 원이 확보되자 시에서는 예산을 추가로 배정하여 평면 교차로 계획을 폐지하고, 고가화 하는 설계 변경을 했다. 그 장소가 고가화로 건설됨에 따라 지금도 그 지역을 지나는 도로 위의 수많은 차량들이 정지하지 않고 논스톱으로 주행하고 있다. 교통 정체가 없으므로 소음과 공해도 적게 발생하고, 시내 교통도 원활하게 좋은 영향을 주고 있다.

실패한 터널화

그러나 터널 공사 추진은 결국 실패로 돌아가고 산을 깎아내려 도로를 내고 말았다. 나는 터널 공사를 위해서도 여러 사람을 만나 타당성을 설명하고 예산을 확보하려 했지만 나 혼자의 힘으로는 역부족이었다. 내가 도로의 터널화를 주장하자 시의원 중에서 강력하게 반대를 하고 나선 사람이 있었는데, 그가 바로 이혁근 씨였다. 이혁근 씨에 대해서는 여러 번 언급했지만 당시에는 시의원으로 활동하던 중이었다.

나와는 오랜 친분을 갖고 있던 이 분이 적극 반대하고 나선 이유는 엉뚱한 것이었다. 그 도로가 지나갈 산에 나의 외조부모님 묘소가 있었는데, 이혁근 씨는 내가 외조부모님 묘소를 이전하지 않기 위해 터널 공사를 주장한다고 여기저기 얘기하면서 반대를 하는 것이었다. 외조부모님 묘소가 그 산에 있었지만, 그 묘소 때문에 그런 주장을 한 것은 전혀 아니었음에도 불구하고 그 장소에 묘소가 있다는 사실만으로도 내 입장이 궁색하게 되어 버리고 말았다.

한편 이혁근 씨는 그 도로 인근 토지를 소유하고 있었는데, 만약 터널 공사를 하게 되면 그 땅이 도로와 도로부지로 편입되어야만 하는 사정이 있었다. 그렇지만 나는 그런 내용을 내세우며 내 주장을 펴지는 않았다. 다만 앞서 말했듯이 자연을 보호

산허리를 잘라내고 건설한 서해대로

하고 해안가 도로와의 연결효과 등 합리적인 이유를 내세우며 터널화를 주장했다. 그러나 이혁근 씨가 강력히 반대하고 나서자 시에서도 내 뜻에 동의하지 않았다. 당시는 환경운동단체도 없었다. 결국 안타깝게도 그 도로는 멀쩡한 산허리를 잘라내고 언덕을 만들어 아름답지 못한 도로가 되고 말았다.

시화공단을 시흥공단으로

시흥시 정왕동 일대에는 시화공단이 있다. 시화공단은 1990년대 초반부터 조성되어 지금은 4,500여 개의 기업체들이 들어서 시흥시의 경제발전에 중추적인 역할을 하고 있다. 1993년 나는 당시 막 조성되기 시작한 시화공단에 대해 특별한 관심을 가지고 이와 관련된 업무를 처리했다. 공단 조성과 관련한 여러 가지 업무를 성공적으로 처리하여 자랑스럽게 생각하지만, 몇 가지 문제에선 지금도 큰 아쉬움이 남아있다.

나는 '시화공단'이라고 부르는 것에 대하여 무척 유감스럽게 생각한다. 시화공단이라는 명칭에서 '시'는 시흥에서 따온 것이고, '화'는 화성에서 따온 것이다.

1990년대 초반 시흥시 서남부 지역 폐염전과 공유수면 매립지에 공단지구를 조성한 행정 주체는 동력자원부였다. 그런데 공단이 조성되고 있을 무렵 이곳 공단 명칭을 시화공단이라고 하겠다는 것이 아닌가. 공단 지역 남쪽으로 시화방조제가 있으므로 공단도 시화공단으로 하겠다는 것이었다.

그러나 시흥과 화성은 거리상 너무 멀리 떨어져 전혀 관계가 없는 지역이었다. 오히려 인접한 지역은 안산시였다. 시흥시 공무원으로서 시흥시의 이해가 걸린 문제는 항상 예의주시하고 있던 나는 공단 명칭이 '시흥공단'이 아니고, 시화공단으로 된다는 것은 전혀 말이 되지 않는다고 생각했다. 아니 왜 시흥시 지역에 조성되는 공단을 시흥공단으로 하지 않고, 시화공단으로 한단 말인가. 시화방조제가 옆에 있다고 하지만, 시화방조제와 달리 공단지역은 시흥시에만 고유하게 소속되어 있으므로 시흥공단으로 하는 것이 이치에 맞는 것이다.

나는 공단 명칭에 대한 의견을 시청 내부와 시의회 등에 강력히 주장했다. 시청 간부들과 시의회 의원들 역시 나와 같은 생각이었다. 그래서 당시 시의회 의장과 시의원들 그리고 지역 국회의원이던 황철수 씨 등을 모시고 과천에 있는 동력자원부를 찾아가 장관님에게 시화공단이란 명칭을 폐기하고 시흥공단으로 해줄 것을 강력히 요청하였다. 그러자 동력자원부에서는 화성시, 안산시와 합의를 보라는 것이었다.

동력자원부에서는 화성시, 안산시와 합의만 되면 시흥공단으로 하겠다는 것이었다. 그래서 화성시와 안산시에 협조를 구했는데, 뜻밖에 화성시는 우리의 주장을 인정하고 합의를 해주었다. 그런데 문제는 안산시였다. 안산시는 우리가 시흥공단으로 해야 한다고 주장하자, 처음에는 가만히 있다가 뒤늦게 이를 반대하고 나섰다. 차라리 그대로 시화공단으로 하는 것은 몰라도 시흥공단은 절대 안 된다는 것이었다. 내가 안산시청 조한각 과장을 여러 번 만나서 시흥공단의 정당성을 주장해도 도무지 말이 통하지 않았다. 한술 더 떠 '안시공단'으로 변경해야 한다고 주장했다. '사촌이 땅을 사면 배가 아프다.'는 식으로 안산시청 관계자들이 횡포를 부리는 격이었다. 안산시도 1980년대 반월공단을 안산공단으로 명칭 변경을 시도하다 실패한 경험이 있어서 더욱 그랬는지 모르겠다.

나는 시청 간부들과 지역 정치인들에게 시화공단이란 명칭의 부당성을 계속적으로 설명하며 시흥공단의 정당성을 주장했지만, 결국 시일이 지나면서 시화공단으로 굳어지고 말았다.

공동구 설치 주장

시화공단 내부에는 지상물이 많다. 곳곳에 많은 전신주와 전기선, 각종 케이블 등이 어지럽게 널려있다. 공장지대뿐만이 아니라 아파트 지역도 마찬가지이다. 당시 나는 지하에 공동구를 만들어 각종 지상물들을 모두 지하로 설치하자고 주장했다. 각종 선들이 지하 공동구를 통해 설치되면 도시 미관상 좋을 뿐만 아니라 안전성과 효율성도 높아지기 때문이었다.

그런데 역시 문제는 예산이었다. 내가 아무리 공동구를 만들 것을 주장하더라도 수자원공사에서 받아주지 않으면 할 수 없는 일이다. 문제는 거대한 수자원공사를 설득시키는 일이다. 막대한 예산이 소요되는 공동구 설치에 수자원공사가 호락호락 할리 없기 때문이다. 시 차원에서 몇 번 촉구해봤지만 예상대로 수자원공사에서는 귀를 기울이지 않았다.

공단 배후도시

시화공단 배후도시도 지금

보면 매우 안타깝기만 하다. 사업 초기 강력하게 주장했던 의견 중 실현되지 않은 것 하나가 배후도시 문제이다. 현재 배후도시가 있는 곳은 준공업지역으로 하고, 배후도시는 더 후방에 위치한 오이도역과 정왕역 뒤편 토취장이 있는 곳에 조성하자고 주장했다. 주거지역은 공단지역과 멀리 떨어지는 게 좋다는 판단에서였다.

그러나 이런 의견 역시 정책 결정자들에 의해 받아들여지지 않았다. 조성 초기에는 공장이 없어서 다들 그 심각성을 깨닫지 못했을 것이다. 하지만 오늘날 공장이 가득 들어차면서 거기서 발생하는 각종 공해들로 비롯되는 대기오염은 심각하기만 하다. 배후도시를 더 후방에 두었다면 지금보다는 훨씬 더 쾌적한 도시가 되었을 것이다. 미래를 내다보는 행정, 책임감 있는 행정을 펼치지 못한 당시 공단조성과 관련된 책임자들이 원망스럽다. 공동구 설치와 배후도시 위치 변경에 대하여는 당시 이철규 시장님께서 특단의 관심을 가지고 추진했다. 나 또한 최선을 다했지만 뜻을 이루지 못했음을 매우 아쉽게 생각한다.

서울 버스를 시흥시에 유치하다

공무원으로서 각종 행정 업무를 하다보면 기존의 관행이나 규제에 가로막혀 일이 중단되는 경우가 자주 있게 된다. 업무 추진 과정에서 관행과 규칙에 얽매여 포기하거나 좌절하는 경우가 많으니 민원인 입장에서는 얼마나 답답하게 느껴지겠는가. 공무원들은 민원인들을 상대하면서 규제와 법을 내세우며 규제 개선과 철폐에 소극적인 경우가 많다. 그러나 시대가 변하고 환경이 변했어도 이미 사라져야 할 나쁜 관행과 규제가 없어지지도 않고, 개선되지도 않은 채 우리 사회의 장애물로 남아있으며, 그 손해는 결국 공무원들을 포함한 국민 모두에게 돌아갈 것이다. 새로 출범하는 이명박 정부에서는 무엇보다도 불합리한 규제 철폐에 앞장선다니 국민의 한 사람으로서 그 효과를 기대해본다. 나 역시 공무원으로 평생을 보낸 사람이지만은 불합리한 규제가 철폐된다면 기업의 경제활동은 물론, 국민들의 실생활에도 그 긍정적 효과는 매우 높을 것으로 믿기 때문이다.

서울 버스인 세풍운수가 시흥시에 운행되는 것을 시흥시민들이 지금은 당연하게 생각하며 편리하게 이용하고 있지만, 1993년에는 사정이 달랐다. 당시 서울 버스였던 세풍운수는 부천까지만 운행되고 시흥시로는 들어오지 않던 까닭에 시민들이 많이 불편해 했다. 경기도 버스들이 있기는 했지만, 운행 횟수도 적었고 노선도 편리하지 못했다. 부족한 대중교통으로 인해 시민들이 겪는 불편을 알게 된 나는 부천시 외곽까지 운행하던 6640번(구 111-1) 세풍운수를 시흥 시내까지 끌어오기로 마음먹었다.

버스의 운행 허가는 경기도 교통과에서 주관했다. 나는 세풍운수를 시흥시까지 운행토록 허가해 달라는 건의서를 자세하게 작성하여 도청에 올렸다. 그랬더니 얼마 후 오종국 교통과장이 날 보자고 불렀다. 난 '일이 잘되는 모양이다.' 라고 생각하고 교통과장을 만났다. 도에서 여러 해 근무했던 나는 오종국 교통과장과도 잘 아는 사이였다.

"아니, 김 과장은 행정을 잘 아시지 않습니까? 더욱이 도에서 오래 근무했다는 분이 왜 이런 건의서를 올렸나요? 서울 시내버스가 도내에 들어오면, 경기도 버스들은 뻔히 손해를 볼 텐데 그것도 모르나요? 서울 버스는 운행노선을 늘리기 위해 도 지역의 틈새를 노리고 있고, 도 버스는 서울시로 연장 운행을 요청해도 안 해주는데 왜 우리만 손해 봅니까?"

교통과장이 예상과 달리 나를 질책하듯이 말을 하며 그 건의안을 돌려주려고 하자, 나는 잠시 생각하다 곧 침착하게 말을 되받았다.

"과장님, 모든 행정은 최종적으로 시민을 위하여 있는 것입

시흥시까지 연장운행한 서울 시내버스 6640번(세풍운수)

니다. 기업체도 잘 되도록 해야 하지만 우선은 주민의 편익입니다. 업자를 위해서 있는 것이 아니고, 당연히 시민들 편에서 행정을 하는 것이 옳지 않습니까?"

"아니 행정이…, 시민을 위하는 것은 맞지만 업자도 보호해야 하지요. 도내 버스 사업자들이 적자라고 불만이 많은데 서울 버스를 불러들이면 되겠습니까? 안됩니다."

교통과장은 한치도 물러설 기미가 보이지 않았다. 나도 물러서지 않고 행정이란 시민을 최우선으로 고려해야 한다고 일관되게 주장했다. 부천과 서울을 생활권으로 하는 시흥 시민들에게 시내버스 운행은 꼭 필요하다고 설득하기 시작했다. 그 뒤로도 여러 번 도에 올라가서 계장, 과장, 국장 등 관계자들을 일일이 설득하기 시작했다. 또한 당시 제정구 국회의원님을 여의도 의원회관으로 찾아가 도지사에게 전화를 해달라는 부탁을 하기도 했고, 인기 탤런트 한인수 의원에게도 부탁했다. 결국 얼마 후 도청에서 승인이 됐고, 세풍운수가 시흥 시내까지 운행하게 됐다.

인천-수원간 직행버스 정류장 신설

도청에 근무하고 있던 때인 1998년, 버스와 관련된 민원업무를 해결한 일이 있다. 수인국도인 42번 도로를 운행하던 직행버스가 시흥 신천동에서 정차하는데 정차하는 위치가 문제였다. 소래고등학교 학생들이 등하교시 그 버스를 많이 이용하는데 학교에서 1.6킬로미터 떨어진 위치에 버스정류장이 있었던 것이다. 그러다 보니 여름철이나 겨울철에도 학생들이 먼 거리를 걸어 다녀야만 했다. 비단 학생들뿐만이 아니라 소래고 건너편에 아파트 단지가 들어서 그곳에 사는 주민들도 큰 불편을 겪고 있었다.

도청에 근무하면서도 시흥시를 항상 주시하고 있던 내게 시흥시 민원과 관련된 소식은 잘 포착되었다. 나는 그 소식을 듣고 시흥 시내로 와서 직행버스를 타고 문제의 버스정류장에서 내려서 소래고등학교까지 직접 걸어보았다. 역시 매우 불편하고 힘든 거리였다. 날씨가 무더운 날이나 추운 겨울에는 학생들이 무척 힘들 것 같았다.

나는 즉시 도청의 교통과장에게 이런 내용을 설명하고 버스정류장을 소래고등학교 근처에 하나 더 설치하여 주기를 요청했다. 그러나 역시 규정 때문에 안 된다는 것이었다. 직행버스의 정류장과 정류장 간의 최소 이격거리는 2킬로미터인데, 현재의 정류장간의 거리는 1.6킬로미터밖에 되지 아니하여 불가하다는 것이다. 그렇지만 그 말을 듣고 그냥 물러설 내가 아니었다.

나는 직접 현장을 조사했던 자세한 내용을 설명하고, 학생들과 주민들을 위해서는 반드시 하나 더 설치해야 한다고 담당 공무원들을 설득했다. "법규와 규정도 중요하지만 다수 주민의 편익을 우선한다면 가능한 일이라고 본다."라고 계속 호소하자 마침내 담당자들도 손을 들고 내 말을 들어주었다. 나는 지금도 이곳을 지날 때면 나의 작은 노력으로 학생들과 주민들이 편리하게 이용하는 모습을 보며 흐뭇한 기분이 든다.

학업의 열정을 다시 불태우고

　　　　　　　　　　　소래면에서 면서기로 공무원 생활을 시작하여 보람을 느끼고, 사명감도 가지고 오직 한 길을 걸어 온 나였지만, 내 마음속에는 대학 공부를 하지 못한 것에 대한 아쉬움이 늘 남아 있었다. 대학에서 법학이나 행정학을 전공한 고시 출신들이 멀리 앞서 나가는 것을 보면서 높은 학력에서 비롯되는 여러 이점들을 부러워하지 않을 수 없었다. 그래서 고등학교만 졸업하고 공무원 생활을 시작한 많은 사람들은 기회가 되면 대학 공부를 해보려는 생각을 항상 가지고 있게 된다. 나도 역시 마찬가지였다. 그러나 업무에 전력을 다하다 보니 그럴 기회를 갖는 것이 쉽지가 않았다.

　1982년 승진하여 반월출장소에 근무하게 되면서 그곳에서는 잠시 시간적 여유가 있었지만 시작하지 못하고, 다시 정신없이 바쁘게 돌아가는 공무원 생활을 10여 년간 보냈다. 그러다가 1992년에 시흥시에서 과장 직위에 있으면서 단단히 마음먹고 다시 공부를 시작했다. 나는 시청에서 대학 공부를 하겠다는 직원 다섯 명과 함께 방송통신대학교 행정학과에 등록을 하고 대학 과정을 공부했다.

　중학교를 중퇴하고 주경야독을 했던 생활이 다시 시작되었다. 방송통신대학은 독학을 기본으로 하는 것이지만 강의를 수

강하는 기간도 꽤 되어서 우리 다섯 명은 강의가 있는 날에는 다 같이 인천에 있는 방송통신대학교에 가서 강의도 듣고 시험도 봤다. 모두들 어렵게 시작한 공부라 큰 의미를 두고서 열심히 했지만 직장을 다니면서 공부를 한다는 것은 정말 힘든 일이었다.

학년이 올라갈수록 공부는 힘들어지고 같이 공부하던 직원들 몇몇은 중도하차하였지만, 나는 아무리 어렵고 힘들어도 반드시 졸업을 하겠다는 목표로 죽을힘을 다했다. 여름휴가 기간에는 집중적으로 강의도 듣고, 시험공부를 하여 무사히 시험에 통과했다. 여름 휴가철에 공부를 하다가 몸도 마음도 지칠 때면 나는 도시락을 싸가지고 아침 일찍 소래산 중턱으로 올라갔다. 시원한 소나무 그늘 아래에 돗자리를 깔아 앉기도 하고 눕기도 하면서 하루 종일 책을 보다가 내려왔다. 마침내 나는 공부를 시작한 지 5년만인 1996년 2월 행정학 학사학위를 받아들고 대학을 졸업하게 되었다. 처음 공부를 시작했던 다섯 명 중 두 명만이 끝까지 남아 졸업을 하게 된 것이다. 비록 방송통신대학 과정이었지만 50대 초반의 나이에, 공무원으로 근무하면서 힘들게 목표를 달성했기에 대학 졸업장을 받으며 가슴 벅찬 보람과 기쁨을 느꼈다.

민원인 입장(易地思之)에서 일하라

나는 공무원 생활을 하면서 가장 중요하게 생각했던 원칙이 '공정성'과 '투명성'이었다. 그리고 내가 승진을 하게 되고, 결재권을 갖고 직원들을 거느리게 되면서부터는 부서 직원들에게 항상 강조했던 것도 바로 공정성과 투명성이었다. 그리고 인·허가 업무 등 민원업무를 처리할 때는 반드시 "민원인의 입장이 되어서 생각하고, 판단해 보고 일을 처리하라."고 말했다.

민원업무를 하다 보면 법에 따라 공정하게 처리한 일도 당사자들은 부당하다고 생각하고 항의하는 경우가 많이 있다. 하물며 공정치 못하고, 다른 사람과 비교하여 불공정하게 처리가 된다면 그 사람들은 얼마나 부당하게 생각하고 억울하게 느낄 것인가! 아직도 부당하고 불공평하게 일하는 공무원들이 있기 때문에 국민들 불만이 쌓여 전체 공무원들에 대한 불신이 없어지지 않고 있는 것이다. 이명박 정부에서는 정부조직을 개편하고, 불필요한 공무원들은 과감히 정리한다고 하니 공무원들은 불만이 많겠지만, 국민들이 그러한 정책에 지지를 보내는 까닭이 무엇인지를 스스로 생각해봐야 한다.

1999년 시흥시에서 도시과장을 하고 있을 때 주요 업무 중의 하나가 그린벨트 업무였다. 도시가 발전하다 보니 그린벨트 내에 땅을 가진 사람들은 여러 가지 규제에 묶여 다른 지역에 땅을 가진 사람들에 비해 상대적으로 불이익을 받고 있었다. 그래서 정부에서는 일정한 요건만 갖추면 축사 신축 허가를 내주고 있었다. 축산업을 장려하고 소득을 늘려준다는 차원에서 축사를 신축할 수 있게 했다. 그런데 알고 보니 농민들은 축사를 허가 받아 축사를 지은 후 이곳을 공장으로 임대해 주면서 소득을 얻는다는 것이었다. 시에서는 그 내용을 알고 있었지만 요건이 맞는 건축허가를 준공 후에 용도변경이 된다는 예측만으로 불허가할 수는 없었다.

대신 신축 허가 요건을 철저히 하고, 허가 받기를 어렵게 함으로써 편법적인 축사 운영이 확대되는 것을 막았다. 허가받기가 까다롭다 보니 허가를 신청한 사람들은 허가를 받기 위해 갖가지 방법을 동원하여 공무원들을 괴롭혔다. 이곳저곳 줄을 대 청탁을 하는 사람도 있었고, 그런 방법이 통하지 않자 술을 마시고 사무실로 와 행패를 부리고, 폭언과 협박을 일삼아 심약한 공무원들에게 겁을 주는 사람들도 있었다. 그런 일이 있더라도 나는 부서의 직원들과 계장들에게 절대 흔들리지 말고 공정하고, 투명하게 허가 업무를 처리하라고 단단히 당부를 하였다.

그런데 어느 날 평소처럼 책상 위에 잔뜩 쌓인 결재서류를 검토하고 사인을 해 나가는 도중 그린벨트 축사 허가신청 서류에 문제점이 있는 것을 발견했다. 내가 보기에 신청된 요건이 똑

같았는데도 한 건은 허가, 한 건은 불허한다는 내용이었다. 나는 평소 불허가 건은 더욱 유심히 검토하였기 때문에 그 서류들도 자세히 검토해 보았지만, 역시 두 신청 건에 차이가 없었다.

나는 결재를 올린 담당 계장과 직원을 불렀다.

"이 서류를 한번 보게. 이렇게 결재를 올렸는데, 하나는 불허가, 하나는 허가인데 이 두 허가 건의 차이점이 무엇이지? 한번 설명 해봐."

그러자 계장과 직원은 아무 말도 못하고 있었다.

"내가 보기에 두 신청 건의 요건이 똑 같은데, 그렇지 않은가?"

"네…, 같습니다."

계장과 직원은 자신 없는 목소리로 답변했다.

"평소에 민원 행정에서 투명하고, 공정하게 처리하라고 여러 번 강조했는데, 보아하니 허가한 이 친구는 사무실에 와서 큰소리치고 행패부린 사람인 것 같고, 불허가한 사람은 사무실에 찾아오지도 않은 사람인 것 같은데, 그렇지 않은가?"

"… 네, 맞습니다."

"그럼 둘 다 불허가하던지, 아니면 차라리 둘 다 허가를 하던가 해야지. 내 앞에서 이런 식으로 일처리 하는 것은 절대 용납할 수 없으니 서류 가져가!"

나는 침착한 목소리로 엄중히 꾸짖었다. 평소 공정성과 투명성을 귀가 따갑도록 얘기했음에도 불구하고 공정치 못한 일처리를 한 것에 마음이 무거웠다. 다음날 계장은 두 건을 모두 허가해 준다는 내용으로 다시 작성해 가지고 올라왔다. 나는 아무말 없이 그 서류에 결재했다.

소래고 운영위원

시흥시청에서 총무국장으로 근무하던 2000년 초 어느 날 소래고등학교 교장선생님이 시청 사무실로 찾아오셨다. 소래고등학교 운영위원장을 맡아달라고 요청하는 것이었다. 나는 공무원으로 현직에서 일하면서 학교운영위원장을 한다는 것이 부담스러워서 사양을 했다. 당시 내가 시청에서 총무국장을 하고 있자 지역에서 활동하는 어떤 사람이 나에 대한 시기와 질투로 안 좋은 말을 하고 다닌다는 것을 알고 있었기에, 나는 그런 중요한 외부직책을 맡는 것이 적절하지 않다고 생각했다. 그러나 교장선생님은 내가 적임자이니 꼭 맡아달라고 거듭 요청을 하는 것이었다.

그래서 할 수 없이 한번 생각을 해보겠노라고 대답하고 교장선생님을 돌려보낸 후 당시 모시고 있던 백청수 시장님과 상의를 했다. 백 시장님은 내 말을 듣더니 별 문제가 없으니 그런 일을 한번 해보는 것도 좋겠다고 하셨다. 그래도 부담이 되었던 나는 교장선생님께 전화를 걸어 "위원장은 맡기가 어려우니 다른 분으로 모시고, 대신 운영위원은 한번 해보겠다."고 말하였다. 그래서 나는 1년 동안 소래고등학교 운영위원으로 활동하며 학교 발전을 위해 도움이 되는 역할을 했다.

소래초등학교

그런데 소래고등학교 운영위원을 하고 나자 이번에는 소래초등학교 김영태 교장 선생님이 찾아와 소래초등학교 운영위원장을 해달라고 요청하는 것이었다. 내가 소래초등학교를 다녔고, 시흥에서 오래 살아온 사람으로서 모든 면에서 내가 가장 적임자이니 꼭 맡아달라고 부탁하는 것이었다. 소래고등학교나 소래초등학교에서 나에게 운영위원장을 맡아달라고 요청했던 이유를 나는 짐작할 수 있었다. 내가 시청에서 총무국장이라는 요직을 맡고 있으니 나를 통해서 학교의 여러 가지 사업에 도움을 받기 위한 의도였을 것이다.

며칠 생각을 해본 나는 한번 해보기로 마음먹고 "그렇게 하겠습니다."라고 대답했다. 그런데 내가 대답을 하고 난 후 한동안 학교에서 연락이 오지 않는 것이었다. 알고 보니 내가 소래초등학교 운영위원장을 맡게 된다고 하자, 지역의 모 인사가 적극 반대하고 나서면서 나에 대한 부정적 소문을 퍼뜨려 일이 틀어졌다는 것이었다.

소래초등학교 교장선생님이 나에 대해 매우 미안해하자 나는 오히려 잘됐으니 걱정하지 말라고 하면서 혹시 내가 도울 일이 있으면 언제든지 말씀하시라고 하였다. 그러자 교장선생님은 나에게 한 가지 부탁을 했다.

"국장님…, 죄송합니다. 저희 학교 앞에는 어린학생들이 등하교 길에 이용하는 보도가 있습니다. 그런데 이 보도가 차도와 구분이 없어 너무 위험합니다. 그래서 말씀드립니다만, 이 도로를 차도와 구분하여 높여 주시고, 안전 펜스를 설치하여 주시면 학생들 등하교 안전에 큰 도움이 되겠습니다."

"그래요? 알겠습니다. 그런 일이라면 제가 최대한 노력해 보겠습니다."

그 후 나는 여러 예산을 찾아보며 그 공사를 할 수 있는 방법을 찾았다. 일반예산으로는 안되고, 당시 구획정리용으로 사용할 수 있는 특별예산이 남아있는 것을 발견했다. 나는 담당 부서의 관련 공무원들과 협의하여 그 공사를 진행시켰다. 인도의

소래초등학교 진입로 안전 펜스 설치(2001년)

높이를 높여 차도와 구분 짓고, 수백 미터 길이의 스테인리스 펜스를 높이 설치해 주었다.

   그렇게 공사가 모두 끝나자 소래초등학교 교장선생님과 학부모 몇 분이 나를 찾아와 거듭 감사를 표하고 돌아갔다. 나는 당연히 할 일을 했다고 생각하고 있지만, 그 교장선생님은 지금까지도 나를 보면 그때 일에 관하여 고맙다고 말한다.

가장 가슴 아팠던 일

1993년 초여름이었다. '국토대청결운동'이란 전국적인 행사가 있었다. 전국의 모든 도·시·군·구 주민들과 학생들을 총동원하여 일정기간 동안 관내 지역과 도로를 깨끗이 청소하자는 행사였다. 상급기관에서 각 시·군·구 행정단위별로 공문이 내려와 철저하게 시행할 것을 지시하였다.

대대적인 도로 청소를 하는 날, 중앙에서 감독관들이 헬기를 타고 다니며 얼마나 철저히 청소를 하고 있는지 감시한다고 하였다.

시청 공무원들도 각 부서별로 책임 지역과 행사에 동원될 각 학교를 배정받았다. 나는 소래고등학교 학생을 인솔하여 42번 국도변을 깨끗이 청소하는 일을 맡았다. 도로 청소가 있던 날 아침 나는 직원들과 함께 소래고등학교로 갔다. 학교 선생님들과 회의를 마친 후 전교생이 모여 있는 교정에서 학생들에게 행사의 취지와 도로 청소 방법, 안전교육 등을 철저히 주지시켰다.

42번 국도는 인천과 수원을 오가는 차량들이 많이 다니는 도로이므로 사고를 방지하기 위해 학생들에게 위험성을 경고하고, 조심할 것을 특별히 당부한 것이다. 특히, 도로를 걸어가며 청소를 할 때 대열을 이탈하지 말고, 아스팔트 도로는 밟지 말고 도로가의 흙길만 밟아서 이동하도록 강조했다. 또한 안전요원을 대열 중간 중간에 배치하여 학생들이 도로로 나오지 못하도록 했다.

학생들과 함께 42번 국도로 나가 책임 받은 지역까지 청소를 하고 다시 돌아오는 길이었다. 나는 선생 한 분과 함께 차량을 타고 대열의 앞뒤를 오가며 확성기로 학생들에게 주의사항을 알려주며 대열 중간쯤에서 서서히 가고 있는데 갑자기 앞쪽에서 교통사고가 났다는 급한 소식이 들려왔다. 나는 아득한 현기증을 느끼며 곧바로 현장으로 가보았다.

현장에 가서 보니 학생들이 모여 난리가 났는데, 한 학생이 도로 옆에 피투성이가 된 채 쓰려져 있었다. 직원들이 급히 살펴보았지만 전신을 크게 다쳐 의식이 없는 상태였다. 곧 바로 응급차가 와서 상태를 봤지만, 이미 사고 후 바로 사망했다는 진단을 내리고 병원으로 이송했다. 나는 선생님들과 직원들에게 혼란으로 흐트러진 학생들의 대열을 다시 안전하게 유지하도록 지시하고, 학생들을 귀교시켰다.

학교로 돌아온 나는 현장을 목격한 학생들로부터 그 당시 상황을 들었다. 모든 학생들이 지시에 따라 아스팔트 도로를 도로 갓길로 줄지어 걸어가고 있는데, 갑자기 한 학생이 대열에서 이탈해 아스팔트 도로로 뛰쳐나와 앞쪽으로 뛰어갔다는 것이다.

그런데 갑자기 그 순간 1차로에 있던 소형트럭이 앞서가던 차량을 추월하기 위해 2차로로 차로를 변경하여 고속으로 질주하면서 그 학생을 뒤에서 들이받았다. 빠른 속도로 달리던 차량에 순식간에 들이받힌 학생의 몸이 공중으로 솟구쳐 오르며 거의 20미터 앞까지 굴러 떨어졌다고 한다. 고등학교 2학년이던 그 학생이 무슨 일인지 갑자기 대열에서 나와 앞으로 뛰어갈 때 친구들이 말렸지만 듣지 않고 계속 뛰어갔다는 것이다.

내가 그렇게 철저하게 안전수칙을 강조했는데도 그 학생은 무슨 까닭으로 갑자기 도로 위를 뛰어가다가 그런 불행한 사고를 당했는지 참으로 혼란스럽고 안타까울 따름이었다. 경찰에서 학생들을 인솔한 선생님들과 공무원들을 철저히 조사했지만, 워낙 안전교육을 철저히 시키고 행렬 중에도 계속 지도를 했다는 것을 모두 알기 때문에 누구에게도 책임을 물을 수는 없었다. 그러나 비록 내게 책임이 없었다고 할지라도 한 학생이 불행한 사고를 당했다는 사실에 그날 현장에 있던 나는 깊은 충격과 슬픔을 느꼈으며, 평생 잊지 못하는 일이 되었다. 나는 한인석 시장님을 모시고 선생님과 함께 이 학생의 집을 찾아가 보았다. 참으로 안타깝게도 행상을 하는 부모와 가난하게 살고 있던 학생이었다. 학생의 누나가 하나 있었는데 정신이 조금 이상해서 요양원에 가 있다고 했다.

한인석 시장님과 나는 학생의 아버지에게 깊은 슬픔을 표시

하고 위로를 했다. 시청에서는 소정의 위로금도 마련해 주고, 학생의 장례도 치러주었지만 외아들을 잃어버린 부모님에게는 털끝만한 위안도 되지 않았을 것이다. 공무원 생활을 하면서 겪게 된 가장 가슴 아픈 일이다.

8
혁신과 연구의 시절

팀장과 컴퓨터

　　　　　　　　　　1592년 임진왜란을 일으켰던 일본의 도요토미 히데요시(豊臣秀吉)는 본디 신분이 천한 출신으로 꼴을 베어 파는 생활을 하였다. 그가 어린 시절 마부로 일한 적이 있었는데 이전에 일했던 다른 마부들과는 달리 매월 받는 월급에서 일정액을 떼어 당근을 사서 말에게 먹이곤 했다.

　　말이 잘 먹고, 잘 관리되니 몸에서는 윤기가 났고, 힘이 넘쳤다. 그렇게 매달 당근을 사다가 먹이는데, 어느 날 이 사실을 주인이 알게 되었다.

"이 사람아, 왜 자네 돈으로 당근을 사다가 말에게 먹이는가? 품삯도 얼마 되지 않는데 아깝지 않은가?"

"네, 어르신. 귀중한 돈이기는 하지만 아깝지는 않습니다. 이 말 때문에 제가 여기서 일을 할 수 있게 되니 오히려 이득입니다."

공자님도 천한 집안에서 태어나 가난하게 자랐다. 성장된 뒤 노나라 대부인 계씨 집안의 창고지기가 되었고, 한때 목장지기도 했는데 공자님이 기른 가축은 잘 자랐다. 아마 자식같이 생각해서서 정성을 다하여 키우신 것 같다.

두 분 다 투철한 직업정신이 아닐 수 없다. 결국 한 사람은 일본의 최고 실권자가 됐고, 태합(太閤)이라는 칭호까지 받았다. 공자님은 세계 4대 성인 중 한 분으로 전인류가 숭배하는 분이 되셨다.

사무관으로 승진하고 나서 계장이나 팀장 업무를 하게 되자 나는 더욱 책임감을 느끼고 열심히 일을 했다. 도청에는 고시 출신의 젊은 사무관들이 많아 나와 같이 9급부터 시작해 사무관이 된 사람은 정신 차리고, 더 열심히 일하지 않으면 그들에게 뒤처져 밀려나기 쉬웠다.

1996년 나는 기획관실 특별과제 팀장으로 발령을 받았다. 그런데 명색이 특별과제 팀장이면서 컴퓨터도 배정되지 않았다. 그러나 고시 출신의 젊은 팀장들은 컴퓨터를 배정받아 컴퓨터로 업무를 보고 있었다. 당시만 해도 공무원들은 기업체 직원들에 비해 컴퓨터 사용이나 전산화 작업에 적극적으로 대처하지 않고 있었다. 나이 많은 공무원들은 컴퓨터 사용에 적응하지 못하고, 여전히 종이와 펜으로 일하는 '컴맹'들이 많았다.

해당 부서에 컴퓨터를 구입해 달라고 요청했지만 예산이 없어 추후 확보되면 구입해 주겠다는 답변이었다. 그 답변은 언제 구입해 줄지 모른다는 얘기나 같다. 그날 퇴근하여 아들 진욱이 방으로 갔다.

"진욱아, 집에 있는 컴퓨터를 내가 사무실에 가지고 가서 사용해야겠다. 당분간 내가 사무실에서 쓰다가 나중에 도로 가져오겠으니 양해해 주기 바란다."

대학생이던 아들은 집에서 컴퓨터를 많이 사용했지만, 날 이해해 주었다. 그래서 나는 아들이 사용하던 컴퓨터를 사무실로 가져가 설치해 놓고 업무에 사용하기 시작했다. 내가 집에서 컴퓨터를 가져다 놓고 사용하자 놀라는 직원들이 많았다. 당시 집에 있는 컴퓨터를 사무실에 가지고와 사용하는 직원은 나뿐이었다. 그 후 1년만에 컴퓨터를 배정받았다.

도민의 혈세(血稅)

　　　　　　　　　　나는 직장생활을 하면서 불합리한 행위나 예의에 벗어나는 행동을 하지 않기 위해 노력했다. 비록 하위직 공무원이었지만 청내에 출입하는 기자들과도 인간적으로 원만하게 지냈고, 지방자치제가 시행되면서부터는 지방의회 의원들에게도 항상 예의와 존중으로 대하여 호의적인 친분관계를 유지했다. 그렇게 하는 것이 공무원의 도리에 맞는 것이고, 업무에도 도움이 되는 것이라고 생각했기 때문이다.

　그런데 도의회 의원들과 크게 충돌한 사건을 겪게 된 적이 있다. 1995년 봄, 청소년과 보호육성계장으로 발령받은지 얼마 되지 않을 때이다. 계장으로 발령받아 업무 인계인수를 받고 전반적인 검토를 해 나가던 중 청소년 상담실 운영 예산과 관련한 문제점을 발견했다.

　도에서는 청소년 복지와 탈선 청소년들을 순화하기 위해 2년 전부터 시·군에 청소년 상담실을 설치하여 운영하고 있는 중이었다. 전체 31개 시·군 중 성남, 구리, 고양, 부천, 평택 등 다섯 군데를 우선 운영하고 있었다. 내가 상담실 운영 예산을 살펴보니 1994년에는 시·군당 2,500만 원이던 것이 1995년에 5,000만 원으로 배 이상 증가되어 있었다.

　갑자기 예산이 배로 올려서 책정되어 있기에 이상하게 생각되어 전임 계장에게 물어보았다. 하지만 그는 골치 아픈 일을 왜 물어보냐고 하면서 해당 상임위 의원들이 배로 인상하라고 해서 그렇게 한 것이라고 했다. 나는 문제가 있음을 직감하고 현황 파악을 하기 위해 직원과 같이 다섯 군데 상담실을 직접 가서 확인해 보았다. 아니나 다를까, 현장에 가서 예산 사용 실태를 확인해 보니 상당한 문제점이 발견되었다. 당시로서는 노트북이 무척 비싼 편이었는데 직원들마다 2대씩 구입하여 한 대는 사무실에서, 한 대는 집에서 사용하고 있었고, 또한 상담실마다 대형 텔레비전과 고급스러운 응접세트 등 비싼 집기들도 비치해 놓고 있었다. 주차비, 식대, 간식비 등 각종 명목으로 예산을 펑펑 사용하고 있는 것도 파악되었다. 이상한 것은 정작 상담원의 인건비는 지침보다 적게 지급하고 있었다.

모든 문제점을 확인한 후 개선책으로 불필요한 낭비 요소를 줄이고, 줄어든 상담원 인건비는 다시 올리는 방향으로 조정했다. 조정된 내용에 의거 각 상담실당 3,750만 원이면 충분히 운영할 수 있었다. 그래서 상담실당 1,250만 원씩 5개 상담실의 예산 6,250만 원을 삭감한다는 조정안을 이해재 도지사님까지 결재를 받아서 해당 시·군에 보냈다.

도의원의 추태

　　　　　　　　며칠 지나지 않아서 도의회에서 나를 찾는다는 연락이 왔다. 국장, 과장, 계장을 모두 불렀지만, 과장은 그때 자리에 없었던 관계로 나와 신연화 국장님 둘이서 문화교육위원회 전문위원실로 갔다. 그곳에 위원장과 위원들 여럿이 앉아있었다. 그들은 신연화 국장님과 내가 들어서자마자 왜 청소년 상담실 예산을 삭감했는지 설명하라는 것이었다. 나는 의원들에게 그 이유를 침착하게 설명했다. 그런데 의원들이 갑자기 자리에서 일어서며 다짜고짜 내게 폭언과 욕설을 퍼붓는 것이었다.

"야, 네가 뭔데 예산을 맘대로 깎아!"

"의회를 우습게 보는 건방진 ×× 아니야?"

"너 어디서 왔어? 죽고 싶어서 그래!"

위원장을 비롯한 의원들 4명이 폭언을 퍼붓자 나도 당당히 항의를 했다.

"무슨 말씀을 그렇게 함부로 하십니까? 예산을 삭감한 것이 아니라 낭비를 줄이고자 조정한 것입니다."

"그 말이 그 말이지 뭐야!"

의원들의 욕설과 구타가 계속 이어졌다. 목을 내리치고, 구둣발로 정강이를 걷어차고, 멱살을 잡고 흔들어대고, 주먹으로 가슴을 치기도 했다. 당시 59세 여성이던 신연화 국장님까지 밀쳐댔다. 의원들은 내 멱살을 잡고 당장 원상회복시키지 않으면 가만두지 않겠다며 큰소리로 협박했다. 의회 사무실에서 큰 소

예산을 절감했다고 필자에게 폭행하는 도의원.　〈경기일보〉1995년 4월 2일자

8| 혁신과 연구의 시절

란이 나자 공무원들이 모두 모였고, 도청 출입기자들도 이 광경을 목격하고 사진까지 찍게 되었다.

나는 의원들을 뿌리치고 국장님을 사무실로 모시고, 내 자리로 돌아와 앉았다. 의원들의 폭행에 크게 놀란 국장님은 내게 "그 예산 다시 살려줄 수 없을까요?"라고 물었다. 나는 "국장님, 내용을 잘 아시지 않습니까? 말이 안 되는 예산인데 협박한다고 다시 고치면 되겠습니까? 전 못하겠습니다."라고 단호히 거절했다.

자리에 앉았지만 도저히 침착하게 일을 할 수가 없었다. 나는 그대로 밖으로 나와 버렸다. 사명감을 가지고 정당하게 한 일을 가지고 공무원이라는 이유로 부당하게 폭행을 당했다는 사실에 감정이 치밀어 올라 분을 삭이기 힘들었다. 알고 보니 그 청소년 상담실은 의원들의 선거 등 여러 가지 목적으로 이용하는 곳이었다.

나는 분노를 가라앉히기 위해 며칠간 휴가를 내어 쉬기로 생각했다. 다음날 아침 출근하자마자 휴가계를 써서 과장에게 올렸다. 그러나 과장은 휴가를 가도 되겠냐고 걱정하면서 전결사항인데도 국장까지 받으라고 하면서 결재를 했다. 국장님 역시 도청이 발칵 뒤집혔는데 휴가를 가면 어떻게 하냐면서 마지못해 결재를 해 주었다.

휴가를 내고 집으로 온 나는 바로 등산복으로 갈아입고 차를 몰아 강원도 오대산으로 갔다. 마침 봄이 오기 시작한 오대산을 혼자 걸으며 상처받은 내 마음을 다스렸다. 월정사와 상원사도 구경을 하고, 적멸보궁으로 해서 오대산 정상까지 올라갔다. 오대산을 내려온 나는 차를 몰아 양양을 거쳐 속초에서 일박을 하며 바다 구경도 하다가 집으로 돌아왔다.

동료 직원들의 항의

마음의 안정을 찾고 도청에 출근해 보니 그동안 도청에서는 큰 소동이 나 있었다. 계장이었던 내가 의원들에게 폭언과 폭행을 당하고 휴가를 가버리자 계장급 공무원 150여 명이 모여 항의 집회를 열었다는 것이다. "공무원을 폭행한 의원들 사퇴하라!"라고 집단으로 강력히 항의하고, 더 나아가 의회 의장단까지 책임을 지고 사과하라는 주장을 한 것이다. 지역신문에는 그 사건 과정이 모두 보도되어 있었다.

일이 이렇게 커지자 이해재 도지사님까지 나섰다. 연유야 어떻든 간에 집단항의는 안 되는 것이라고 공무원들을 강하게 질책하고, 주동자를 문책할 것처럼 분위기가 흘러가자 항의 집회를 갖던 공무원들은 모두 조용해졌다. 계장급 간부 공무원이 집단행동을 하자 의회에서는 이를 역이용하여 문제 삼았다. 나보고 공개사과를 시키라고 도지사님께 종용했다. 나는 잘못한 것이 없으니 절대 사과할 수 없다고 단호히 버텼지만, 거듭 의회에서는 사과하기를 요청했다. 그러던 중 김학재 내무국장님이 내게 전화를 했다. 기자실에 기자가 모두 모였는데 그 자리에서 미안하다는 말 한마디만 하라는 것이었다.

"국장님, 제가 잘못한 일이 없는데 어떻게 사과를 합니까. 저는 사과 못합니다."

"이 사람아, 자네 잘못한 일 없는 것 알아. 그렇지만 기자들이 모두 기다리고 있으니 와서 그냥 한마디만 해주게. 건성으로 '미안하다' 고 하면 끝날 일이야."

내가 거부를 해도 자꾸 전화해 거듭 부탁하고 설득하기에 난 일단 기자실로 갔다. 기자실에는 신문기자, 방송기자, 시민단체 관계자 등 많은 사람들이 나를 기다리고 있었다. 그리고 내가 앉을 자리 앞에는 TV방송사 마이크가 여러 대 설치되어 있었다. 문교위 소속 의원들이 자신들 행위의 정당성을 주장하기 위해 미리 기자들을 모두 불러모아놓고, 그 자리에 나를 불러 공개사과를 받으려는 속셈이었다.

내가 자리에 앉자 곧바로 기자들의 질문이 나왔다.

"계장님, 이번 건에 대하여 의원들에게 잘못을 인정하고 사과하러 온 것이 맞습니까?"

나는 즉각 단호히 대답했다.

"저는 잘못한 것이 없습니다. 잘못한 것이 없다는 말을 하러 여기 온 것이지 사과하러 온 것이 아닙니다."

내가 이렇게 말하자 장내는 술렁이기 시작했고, 기자들은 "뭐, 어떻게 되는 거야. 사과한다고 해서 왔는데 그게 아니잖아." 하면서 모두 허탈해 하는 모습이었다. 나 역시 자리에서 일어나 내 자리로 돌아왔다. 주변사람들이 의원들에 대항하는 나를 많이 걱정했으나, 나는 사과를 받을지언정 결코 사과할 수 없었다.

일이 이렇게 되자 이 사건에 대한 내용이 〈동아일보〉 사설에까지 실리고, 청와대에서까지 조사를 하게 되었다. 누가 조사를 해보아도 도청의 계장급 공무원이 부당하게 의원들에게 폭행당

도청 기자실에서 폭행당한 상황을 설명하고 있는 필자

한 것은 사실이었다.

　도민이 내주신 세금은 내 호주머니에 있는 돈보다 더 귀하고 값진 것이다. 내 돈보다 더 아끼고 절약해야 한다. 그러한 정신으로 예산을 절감했는데 의원들한테 폭언과 폭행 등 치욕을 당했다. 그렇지만 나는 올바른 일을 했다는 자부심으로 마음이 편안했다.

전화 친절도 조사

　　　　　　　　　　지방자치제가 확대 실시되고 자리를 잡게 되면서 관선 시절과 비교하여 나타난 장점 중 하나는 공무원들의 서비스 의식이 향상된 것이다. 행정의 최고 책임자를 주민들이 선거를 하여 뽑게 됨으로써 나타나는 변화이다. 유권자이기도 한 민원인들에게 대하는 행정 서비스와 공무원의 친절도는 선거에 큰 영향을 주기 때문에 단체장들이 이를 중요하게 생각하기 시작했다.

　지금은 경기도 공무원들의 친절도가 전국 어느 지역에 뒤지지 않을 정도로 우수한 것 같다. 그러나 1990년대 중반까지만 해도 경기도 공무원들 역시 주민들을 대하는 태도가 불친절하기 짝이 없었다. 1996년 확인평가계장을 할 때 나는 도청 내부 각 부서에서부터 혁신되고 변화되어야 한다고 생각했다. 공무원들이 민원인들에게 불친절하다는 것은 누구나 알고 있었고, 이에 관한 문제점이 자주 제기됨에도 불구하고 쉽게 개선되지 않고 있었다.

그래서 가장 중요한 혁신과제로 전화를 친절하게 받는 것부터 시작해야 한다고 생각되어 전화 친절도 평가를 실시했다. 전화 친절도 평가의 공정성을 기하기 위해 비밀리에 시행하였다. 외부에 나가 다방, 음식점 등의 일반 전화기를 이용했다.

나는 직원과 함께 미리 학습해 두었던 전화 친절도 분석기법을 다양하게 활용하여 이를 실시했다. 각 업무 부서로 전화를 걸어 해당 부서 업무가 아닌 다른 업무에 대해 문의하는 방식을 주로 사용했다. 민원인 입장에서 전화를 해보니 공무원들의 전화 받는 태도가 얼마나 불친절하고 무성의한가를 잘 알 수 있었다. 소관부서가 아니라고 전화를 바로 끊는 사람, 질문에 대답하기는커녕 화를 내는 사람, 무턱대고 엉뚱한 부서로 전화를 돌려버리는 사람 등 대부분 형편없었다. 묻는 사항에 대해 친절하게 설명해 주고, 안내해 주는 사람은 거의 없을 정도였다.

나와 직원은 여러 날에 걸쳐 민원인을 가장하여 도청의 모든 부서와 각 사업소, 출장소까지 일일이 전화를 걸어 자세하게 분석하였다. 분석이 끝난 후 취합, 보고서를 작성하는 과정에서 직원 한 사람이 사실대로 보고하면 섭섭하게 생각하는 부서가 있을 텐데 조금 완화하자는 건의를 했지만, 나는 받아들이지 않고 그대로 보고서를 만들어 이인제 지사님까지 결재를 받았다.

도청에서는 전반기와 후반기 등 1년에 두 번씩 도지사님과 전 간부가 참석한 가운데 업무 평가 회의가 열린다. 확인평가계에서 올린 평가보고서를 보고 문제의 심각성을 자세히 알게 된 도지사님은 간부들에게 강하게 질책하고 경고를 보냈다. 특히, 그 세부 내용이 사실적이면서도 적나라하게 보고된 전화 친절도 보고서를 토대로 성적이 특히 안 좋은 해당 부서장들을 일일이 지적하면서 엄중 주의를 주었다.

전화 친절도 조사 업무와 더불어 시행된 각 과별 핵심 업무에 대한 평가보고서도 공개되었고, 성적이 나쁜 과장들은 도지사님으로부터 질책을 받았다. 지적 받은 과장들의 얼굴은 모두 사색이 되었다.

회의가 끝나고 난 후 한동안 나는 도청 내 각 과장들로부터 요주의 인물이 되어 미움을 받을 수밖에 없었다. 그렇지만 확인평가 업무를 하면서 공정성과 객관성을 유지하고, 철저히 사실에만 의거해 보고서를 작성했기 때문에 나는 내 업무를 정당하게 수행한 사람으로서 조금도 거리낄 것이 없었다.

처음에는 불만을 가졌던 과장들도 보고서의 내용들이 모두 사실이라는 것을 확인하게 되자 잘못을 인정하고, 이에 대한 개선에 힘쓰게 되었다. 전화 친절도 조사의 효과는 확실히 나타났다. 그 회의가 있고나서부터 도청 공무원들의 전화 받는 태도는 확연하게 개선되기 시작한 것이다. 전화를 친절하게 받아 나타나는 효과와 필요성을 다시 절감한 나는 전화 친절도 조사를 모든 시·군·구까지 확대하여 지속적으로 실시하게 했다.

일몰제도 발전 방안

공무원으로서 35년간 재직하며 여러 부서를 거치고 여러 업무를 수행하였지만, 내가 특히 열심히 했던 일은 확인평가 업무였던 것 같다. 행정기관에서는 무수히 많은 정책들을 수립하여 실시하지만, 정작 사업현장에서는 그 정책들이 처음 의도하고 기획했던 대로 실시되지 못하는 경우가 많이 있다. 정책의 계획과 목적이 아무리 훌륭해도 현장에서 제대로 실시되지 못하고 용두사미가 되어버려 예산이 낭비되는 사례가 비일비재한 것이다.

확인평가 업무가 중요한 것은 이러한 것을 미리 방지할 수 있기 때문이다. 현장에 나가 정책 시행과정과 결과를 면밀히 관찰하고 분석하여 그 결과를 바탕으로 정책의 개선과 혁신을 할 수 있게 된다. 행정기관의 확인평가 업무만 잘 실시한다면 행정의 능률성과 효율성이 높아질 뿐만이 아니라 엄청난 규모의 예산 절감도 가능하리라고 생각한다.

1990년대 후반 무렵 나는 확인평가 업무를 더욱 강화하는 동시에 경기개발연구원에 의뢰하여 일몰(日沒) 제도에 관한 연구를 추진하였다. 일몰제도 또는 일몰 법은 정부의 조직, 법규, 사업, 예산 등에 대하여 폐지기한(deadline)을 미리 정해 두고 주기적으로 평가하며, 재승인 절차를 통과하지 못할 경우 자동적으로 폐지가 이뤄지도록 하는 제도를 말한다. (경기개발연구원 연구원 보고서 98-10, 4)

나는 일몰제도 연구에 관심을 가지고 그 제도의 중요성과 필요성을 지금의 경기도 공무원들이 읽어 주었으면 하는 바람으로 일몰제도에 대한 기본적 개념과 의의를 여기에 다시 적어본다. 이 내용은 1998년 당시 연구했던 일몰제도의 정확한 내용을 전달하기 위해 경기개발연구원 연구원 보고서 98-10 〈경기도 일몰제도의 발전방안에 관한 연구, 연구책임자 하혜수〉의 내용을 발췌하여 쓴 내용이다.

일몰제도가 갖는 의의는 첫째, 일몰제도는 피개혁 부서의 자발적인 개혁을 유도하고, 행정체제적 수준에서 개혁을 추진한다는 점이다. 둘째, 행정의 책임성과 대응성을 제고하며, 행정에 대한 의회의 재정적 통제를 강화시킬 수 있다. 셋째, 일몰제도는 작지만 효율적인 정부를 구현하는데 기여한다. 넷째, 일몰제도는 규제완화에 기여하게 된다. 다섯째, 예산 운영의 효율성을 높여줄 수 있다.

일몰제도는 행정조직, 기구, 법규, 사업, 예산, 인력 등을 포괄한다는 점에서 보다 종합적이고 포괄적인 성격을 지니는 개혁 수단이라 할 수 있다. 일몰제도는 기구 축소, 규제완화, MBO, 성과급제 등의 행정 개혁이 제대로 수행되었는지를 점검하는 장치로써 기능하고 있다는 점에서 다른 개혁 수단들과는 차별성이 있다.

일몰제도를 발전시키기 위해서는 일몰 심사의 적용 대상을 기관에까지 확대시켜 나가야 할 것이다. 1998년 현재는 자치법규, 장기지속추진사업, 주요 행사, 민간보조사업, 민간위탁사업, 보상금 지급과 각종 위원회 등의 자문기구 등을 그 대상으로 하고 있다.

지방자치단체에서 받는 법률상의 제약과 정부간 관계의 제약을 고려할 때 지방정부의 권한으로써 실질적으로 폐지할 수 있는 영역에 한정하여 심사하는 것이 제도의 실효성을 확보할 수도 있다. 미국식의 기관 심사가 아닌 유럽이나 일본식의 규제완화 또는 보조금 심사에 한정하여야 한다는 것이다.

내가 일몰 심사에 대한 공정성과 타당성을 높여 일몰제도를 성공적으로 정착시키기 위해서는 일몰 심사 기준을 보다 정교하게 해야 할 것이다. 비교 사례로 본 미국 텍사스주의 일몰 심사 기준은 활용성(자문기구의 활용도), 공익성(법규의 공익 지향성), 고충 처리도, 상위 정책의 충족도, 공무원의 사익 지양, 자료공개법 준수 정도, 기관 폐지의 재정적 영향(상위정부의 보조금 상실), 권한부여법의 개정 필요성 등이 포함되어 있고, 그 외에도 보다 세분화된 표준으로써 집행기관에 공통적으로 적용되는 일반 기준과 면허기관에만 적용되는 면허기준을 가지고 있다는 것이다.

정책 실험에 대한 노력 역시 일몰제도에 포함시킬 필요가 있다. 프랑스의 경우 기한, 범위, 정책 수단 등에 대하여 다양하게 정책 실험을 하고 있다. 이러한 실험적인 정책 추진을 통하여 충분히 존재 필요성이 입증될 경우 본격적인 정책 프로그램으로서의 지위를 부여받고 그렇지 못할 경우 자동적으로 폐기되는 것이다. 경기도의 경우도 자체적으로 개발한 사업의 경우 기한을 정하거나, 적용 대상을 한정하거나, 아니면 다양한 정책 대안에 대한 실험을 통하여 타당성이 충분히 입증될 경우에 한하여 본격적인 자격을 부여하는 제도를 운영할 필요가 있을 것이다.

미국 텍사스주의 경우 1회의 일몰 심사에 2년 정도가 소요되고, 자체 평가와 심사에만 1년 5개월의 기간을 부여한다. 특히 스태프진과 일몰위원회의 심사 기간은 15개월에 걸쳐 이뤄지고 있으므로 비교적 충분하고 실질적인 검토가 이뤄지는 편이다. 경기도의 경우 일몰 심사의 실효성을 높이기 위해서는 전문 스태프진의 분석과 진단이 선행되어야 하고, 현장 실사를 강화해야 할 것이므로 심사 기간의 확대가 검토되어야 한다.

미국의 경우 일몰제도 도입 초기에는 심사 주기를 짧게 하다가 점점 심사 주기를 길게 하는 경향이 있다. 그것은 초기에는 종결 또는 폐지 대상 기구나 법규 등이 산재하고, 운영 개선이나 기능 재조정이 필요한 부분이 많으므로 심사 사이클을 짧게 하고, 제도가 발전함에 따라 점차 사이클을 길게 하여 업무 부하량을 균등화할 필요가 있기 때문이다.

경기도가 타당성 있는 일몰 심사를 확보하기 위해서는 전문적인 일몰 심사 기구를 설립해야 할 것이다. 단기적으로는 조례규칙심의회를 활용할 수 있지만, 외부 전문가와 시민 대표를 포함시키는 방안이 필요할 것이다. 그러나 장기적으로는 일몰제도의 발전을 고려하여 독립적인 전담 기구를 설치하는 방안도 검토되어야 할 것이다. 특히 일몰제도가 집행부 중심에서 의회 중심으로 전환되어갈 경우 일몰 심사 기구를 의회 소속하에 설치하는 방안 역시 검토할 필요가 있다.

일몰제도는 행정 개혁과 의회 감독이라는 두 가지 큰 목적을 가지고 있는데, 이를 위해서는 주민들의 참여가 매우 중요하다. 일몰 심사 과정에 주민을 참여시키는 방안으로는 일몰심사위원회에 시민 대표를 영입하는 것과 공청회를 개최하여 공청회 과정에 주민들이 참여하도록 하는 방안이 있을 수 있다. 일몰 심사 기구에의 참여는 광범위한 참여를 보장하지 못하며, 공청회의 경우 외국에서 보는 바와 같이 일반 시민들이 참여하지 않고, 주로 이익 집단들이 참여하여 로비를 벌이는 장으로 전락할 수 있는 단점이 있다.

경기도의 경우 권역별(서북 해안권, 동부 내륙권, 동남 내륙권, 남부 임해권, 서울 인접 도시권)로 공청회를 개최하여 일반 시민들의 접근 용이성을 높이고, 주민 단체들과 연계하여 쟁점 사안에 대한 사전홍보는 물론 참여하여 의견을 제시하는 사람들에 대한 인센티브를 제공하는 방안이 강구되어야 할 것이다.

일몰 심사의 효과를 높이기 위해서는 새롭게 설치되거나 제정되는 기구와 사업, 법규에 대하여 신설이나 개정 전에 일몰 심사와 동일한 기준에 의해 심사하는 장치인 일출 심사(sunrise review)를 도입할 필요가 있다. 장기적으로 종결 또는 폐지되었던 기구, 사업, 법규나 이와 유사한 것이 신설되거나 새롭게 제정될 수 있는데, 일출 심사를 통해 이러한 일을 미연에 방지할 수 있을 것이다. 일출 심사가 이뤄지지 않을 경우 상당한 비용을 투입하여 폐지한 기구나 법규가 다시 설립되거나 제정될 경우 행정의 낭비와 비효율을 초래할 수 있는데, 일출 심사는 폐지된 기구나 법규의 재진입으로 인한 비효율성을 줄일 수 있다는 점에서도 의의가 있는 것이다.

  미국의 경우 9개 이상의 주정부에서 일출 요건(sunrise requirement)을 규정하여 실시한다. 신규로 설치되는 행정기관에 대해 일몰 심사 형식과 동일한 심사를 규정하고 있으며, 그들이 설치되기 이전에 신설의 필요성과 가치를 일몰 심사 기구와 의회에 확신시키도록 하고 있다. 특히 메릴랜드주와 콜로라도주에서는 하나의 위원회에서 일몰 심사와 일출 심사를 통합적으로 관장하고 있어 폐지된 기관의 설치를 위해 노력하는 이익집단의 움직임을 쉽게 추적할 수 있다.

  경기도에서 시행중인 일몰제도가 성과를 거두기 위해서는 관련 제도와의 유기적인 연계가 이뤄져야 하는데, 첫째, 조직과 개인의 성과에 대한 체계적인 평가가 이뤄져야 할 것이다. 둘째, 일몰제도가 성공을 거두기 위해서는 감사 제도와의 연계 및 상호보완적인 노력이 이뤄져야 할 것이다. 셋째, 일몰제도는 예산 제도와도 연계 운영되어야 실질적인 효과를 거둘 수 있을 것이다. 넷째, 일몰 심사는 주기적이고 심층적으로 이뤄지므로 이들 자료와 정보를 장기간 축적할 경우 조직개편 작업이나 규제완화 등 행정개혁을 추진하며 유용하게 활용할 수 있을 것이다.

벤치마킹

경기도의 전반적인 업무 혁신을 획기적으로 가져오는 방법으로 벤치마킹 기법이 도입되었는데, 확인평가계장으로 근무하면서 벤치마킹 기법에 적극 참여하여 의견을 제시하고 이를 추진했다. 벤치마킹 기법은 '일몰제도에 관한 연구'와 '도정 평가지표 개발 연구'와 함께 내가 특별히 관심을 가지고 실질적인 효과를 거두기 위해 노력했던 업무 분야이다.

벤치마킹은 도내의 모든 행정 분야를 구체적이고 종합적으로 검토하여 혁신적으로 개선할 필요성이 있거나, 새롭게 도입되어야 할 정책을 기획하는 것이다. 정책을 개선하고 도입하기 위해서 첫째, 타 지자체나 해외 행정기관의 우수한 사례를 연구하고, 둘째, 경기도의 분야별 실태를 자세히 조사하여 이를 비교 분석하고 우수한 사례를 적극적으로 도입하자는 것이다.

이러한 목적으로 1996년 도정 업무 개선을 위한 벤치마킹 사업 추진계획을 수립했다. 이 계획에는 최종적으로 45개 분야가 연구·기획되어 경기도 발전을 위한 주요 사업으로 추진되었다.

그 중 몇 가지 사례만을 들어보기로 하자.

첫째, '전자식 구내교환기 교체계획'은 경기도 행정기관에 근무하는 전 직원들이 1인당 1대의 전화기를 사용할 수 있게 하자는 것이었다. 지금은 1인당 1대 사용이 당연시 되지만 당시만 해도 경기도는 2.2인당 1대의 전화기를 사용했다. 이로 인해 공무원들이 업무상 불편을 겪을 뿐만 아니라 민원인들도 담당 공무원과 통화하기가 쉽지 않았다. 우리는 벤치마킹 사례로 삼성전자를 선정했다. 삼성전자는 이미 여러 해 전부터 1인당 1대의 전화기를 사용했기 때문에 삼성전자의 전화기 사용실태와 그 효용성을 분석하여 이를 목표로 추진 계획을 수립한 것이다.

둘째, '자원봉사활동의 확대 정착' 은 해외의 사례를 벤치마킹했다. 당시 미국은 89,200천 명, 일본은 4,690천 명 영국은 300천개의 단체가 활동 중이었음에 비해, 한국의 공식 등록자가 3,360천 명 중 경기도는 고작 6,907명뿐이 없었다. 그래서 우리는 자원봉사자와 단체의 활동을 획기적으로 늘려나갈 것을 목표로 하고 '자원봉사활동 진흥에 관한 조례' 를 추진하기로 했다.

셋째, '지방세 체납 최소화 계획' 은 경상남도가 조사한 결과를 벤치마킹의 사례로 하였다. 당시 전국 광역 지자체 중 경상남도 지방세 체납액이 가장 적었다. 경기도가 1,001억 원에 달하고 있었음에 비해 경상남도는 537억 원이었다. 이를 바탕으로 우리는 경상남도의 지방세 징수 실태와 방법 등을 연구하여 이를 징수 현장에 도입토록 했고, 1996년을 '체납액 정리의 해' 로 선정하여 체납 최소화에 노력을 기울였다.

8 | 혁신과 연구의 시절

임창열 지사님으로부터 표창받는 필자

그 외에도 여러 사업 분야에 벤치마킹을 활용하게 되자 설정된 목표가 분명해지고, 타 기관의 우수하고 선진적인 행정기법을 도입하여 시행하게 됨으로써 경기도 행정이 한 단계 더 발전하게 되는 계기가 되었다.

"이렇게 일하겠습니다"

시흥시청에서 근무하던 1999년 7월 나는 도시과장에서 일약 서기관으로 승진하여 총무

〈경인일보〉 1999년 9월 2일자

국장으로 발령받았다. 총무국장은 부시장 밑에서 사실상 시정의 모든 실무를 총괄적으로 관리하는 총책임자라 할 수 있는 중요한 자리이다. 공무원 생활 30년차에 들어섰고, 나이도 55세로써 많은 나이였지만, 나는 국장으로 승진한 것에 만족하여 현실에만 안주하는 사람이 되고 싶지 않았다. 나에게는 아직도 젊은 공무원들 못지않은 열정이 있었고, 공무원으로서 가야 할 길이 더 남아있다고 생각했다.

나는 총무국장이 되고 나서 시흥시 공무원 조직에 새로운 바람이 불어오게 할 방법을 고민하기 시작했다. 지방자치제 시대가 되면서 공무원들이 민선 시장에게만 잘 보이려고 노력하는 한편, 자신들의 이익에만 안주하려는 경향이 있다는 것을 느끼고 있었다. 민선시대의 장점도 있었지만, 다른 한편으로는 폐단도 나

8| 혁신과 연구의 시절

타났던 것이다. 우선 이런 사항들부터 개선해 나가기로 했다.

총무국장의 지위에서 시행할 수 있는 쇄신 방안을 찾아 며칠간 연구한 끝에 나는 '이렇게 일하겠습니다' 라는 계획서를 작성했다. 그리고 그 계획서를 부시장과 시장님께 올려 결재를 받았다. 그 안에는 다음과 같은 13가지의 업무 개선 방안이 담겨 있었다.

정문 근무자 축소

시청에는 정문 안내실에 직원이 상주하며 시청을 찾아오는 민원인들을 안내한다. 그런데 이곳의 근무 인력이 낮에는 3명이고, 밤에는 4명이나 되었다. 각 부서에서는 항상 인력이 부족하다고 말하면서 정문 근무에 7명이나 둔다는 것은 말이 되지 않아 보였다. 나는 업무 내용과 형태를 상세히 파악해본 후에 총 2명이면 충분하다고 판단하였다. 그래서 주야 각 1명씩 근무토록 하고, 남는 인원 5명은 다른 민원부서로 배치하여 근무토록 하였다. 인원을 줄여도 업무에 아무런 문제가 없는 것으로 분석되어 나중에는 야간 근무자도 폐지하여 정문에 총 7명이 근무하던 인력을 1명이 근무토록 했다.

출근시간 30분 앞당기기

통근버스의 도착 시간이 8시 30분이었다. 30분 전에 출근하는 것 같지만 실은 업무 준비를 하다보면 30분이 더 소요됐다. 그래서 통근버스가 시청에 도착하는 시간을 8시로 정하게 되자 공무원들의 출근시간이 자연스럽게 30분 앞당겨졌다. 시민의 공복으로서 민원인이 찾아오기 전에 업무 준비를 하면서 밀린 일도 하라는 뜻에서 추진했다.

공무원 전화번호부 배포

내가 1996년경 도에서 추진했던 공무원 1인당 1대 전화기 보급 사업의 효과를 본 시흥시청에서도 직원별 고유 전화번호를 가지고 업무를 보고 있었다. 그런데 각 부서와 담당자들의 전화번호가 잘 알려지지 않아 민원인들은 물론 내부 공무원간에도 불편해 하고 있었다. 나는 총무과에 얘기하여 전화번호부를 제작하도록 했다. 이 수첩에는 시청 모든 공무원의 이름과 담당 업무, 전화번호, 이메일 주소가 기재되도록 했다.

전화번호부를 제작하여 공무원들과 각 유관기관, 통·반장 등 민원 업무가 필요한 사람과 단체들에게 널리 배포하게 되자 그 동안 전화번호를 몰라 불편했던 시민들과 유관기관 및 관내 기업체들이 편리하게 시청 업무를 볼 수 있게 되었다. 처음에는 담당 공무원의 집 전화번호까지 넣었으나, 사생활 침해라는 의견이 제기되자, 나중에 삭제하였다.

시간외 근무 체크 제도 개선

시흥시청에도 퇴근시간 확인용 마그네틱 카드가 설치되어 있었다. 공무원들이 야근을 할 경우 퇴근을 하면서 카드로 체크하게 되면 시간외 근무 시간이 자동 계산되어 야근수당을 받을 수 있었다.

특근자가 특근하지 않은 다른 공무원들의 카드를 받아 가지고 있다가 퇴근할 때 체크해 줌으로써 모두 야근한 것처럼 기록하여 야근이나 특근 수당을 부당하게 받아냈다. 공무원들은 이것을 일종의 관행처럼 생각하고 별 문제의식을 가지고 있지 않았지만, 난 그것을 더 방치할 수 없었다. 그래서 퇴근 체크카드를 모두 BC카드로 교체시켰다. 현금카드나 신용카드로 하게 되면, 쉽게 남에게 맡기기 힘들었기 때문이다. 그렇게 하게 되자 부정하게 신청되었던 시간외 근무수당 액수가 대폭 줄어들었다.

화장실 환경 개선

관청의 화장실도 호텔이나 대기업 화장실처럼 좋은 환경을 갖춰야 한다고 생각한다. 호텔이나 대기업이 고객을 최우선으로 하듯이 공공기관도 중요한 고객인 민원인이 찾아오는 곳이기 때문이다. 또한 직장의 환경도 내 집 환경처럼 소중한 곳이 되어야 근무하는 사람들도 주인의식을 갖고 더 열심히 일할 수 있기 때문이다.

지금은 공공기관 화장실도 대부분 아름답고 깨끗하지만, 당시에는 그렇지 못했다. 나는 시청 화장실부터 개선하기로 하고 우선 비치된 면 타월을 치우고 에어 타월로 설치했다. 낡은 곳은 개보수하고, 청소상태를 더욱 철저히 유지하고, 작은 화분도 가져다 놓고, 음악도 들을 수 있게 만들었다. 비데도 설치하려고 예산을 세웠는데 의회에서 삭감했다.

시흥시에 세금 내기

시흥시청에 근무하는 공무원들 중 시흥시에 살지 않는 사람들이 있었다. 부천이나 인천, 수원 등 여러 타지에 살면서 출퇴근했다. 나는 시흥 시민들이 내는 세금으로 월급을 받는 시청 공무원들은 특별한 사정이 없는 한 시흥시로 이사를 와 살기를 장려하고 유도했다. 공무원들이 시흥시에 살면서 시흥 주민으로 자동차세 등 세금도 내야 하고 공휴일에도 시민과 자연스럽게 접촉하여 시민의 여론을 접할 수 있다고 보아, 간부 공무원부터 시흥시로 주소를 옮기도록 했다.

시청 앞 신호등 개선

시청 앞 도로에는 기계식 신호등이 설치되어 있었는데, 이것을 센서가 부착된 자동식 신호등으로 교체하는 것을 추진했다.

시청 앞 도로는 시청으로 들어오거나 나가는 차량은 많은데 기계식 신호등이다 보니 다른 차선에 차량이 없을 때도 장시간 대기하게 되고, 이로 인해 교통 흐름이 원활하지 못했기 때문이다.

시청 앞 주차장은 민원인 전용으로

자가용이 급속하게 늘어가는 시대라 공무원들도 대중교통을 이용하지 않고 자가용을 많이 이용했다. 이로 인해 시청 주차장 자리가 늘 부족했다. 시청을 방문하는 민원인들이 겪는 불편이 컸다. 나는 시청 앞 주차장은 민원인 전용으로 사용하도록 했다.

지역별 행사 재평가

지방자치제가 확대 실시되면서 각 지역별 축제와 행사들이 우후죽순 생겨났다. 이런 행사에는 국비나 도비가 지원되는데, 그 내용을 알고 보면 별 의미 없고, 질 낮은 경우가 많았다. 민선시대가 되다 보니 선거를 의식한 행사들을 많이 실시하는 것이다. 불필요한 축제와 행사는 예산 낭비의 주범이었다. 확인평가계의 경험을 살려 나는 관련 부서 직원들에게 이런 행사들에 대한 확인평가를 실시토록 하였다.

가로등과 보안등 하나 건너 켜기

집에서뿐만 아니라 직장에서도 근검절약을 생활화해 나갔던 나는 어느 곳에서 근무하더라도 물자 절약과 에너지 절약의 중요성을 후배 직원들에게 강조하고 이를 직접 실천했다. 관내 가로등과 보안등 사용 실태를 밤에 직접 확인해 보았는데 대부분의 가로등을 격등으로 켜놓더라도 아무 문제가 없다는 것을 알게 되어 이를 시행했다. 20여 년 전에 시행하였던 에너지 절약 시책이었지만 다시 강조하지 않을 수 없었다.

전 공무원 친절 봉사 강조

공무원이 민원인들에게 친절해야 된다는 것은 기본 중에서도 가장 중요한 기본이다. 그러나 민원 현장에서는 제대로 실천되지 않고 있는 경우가 많다. 민원인을 주인으로 생각하는 것이 아니라 약자로 생각하기 때문이다. 인허가 부서에서는 더욱 그렇다. 나는 '친절하게 전화 받기'를 기본으로 하는 친절 행정의 지침을 마련하고 이를 준수하도록 강조했다. 머슴이 주인을 홀대하는 행태는 없어져야 한다.

국비 보조 사업 평가

지방 행정기관에서는 여러 종류의 국비 보조 사업이 실시된다. 국비 보조를 받기 위해 각종 사업들이 기획되고 제출된 후 국비 보조 사업으로 결정되어 소중한 국가예산을 받게 되면 사업계획에 맞게 예산을 사용하고 사업 수행에 만전을 기해야 하는데, 실상은 그렇지 못한 경우가 많이 있다. 나는 지방자치단체가 책임 있는 행정을 하고, 더욱 더 발전하려면 국비 보조 사업의 성공적인 수행이 중요하다고 판단하고 이를 감시하는 시스템을 구축하고자 하였다.

음식물 남기지 않기

관공서 구내식당 음식은 참 훌륭하다고 생각한다. 값도 싸고, 위생적이고, 좋은 재료를 사용하여 즉석에서 조리한 음식들이기 때문이다. 그런데 이런 음식들을 귀중하게 생각하지 않고 먹다가 남겨버리는 것은 낭비일 뿐만 아니라 굶는 사람들을 생각하면 도덕적으로도 옳지 못한 것이다. 나는 음식물 남기지 않기를 중요 시책으로 하여 식사시간이 되면 직접 구내식당으로 내려가 음식물 낭비가 없도록 지도하였다. 젊은 직원들이 특히 음식물을 다 먹지 않고 버리는 경우가 많았는데, 며칠간 식당에 서서 지적하고 지도하자 곧 눈에 띄게 개선되고 이후로는 이런 문화가 정착되었다.

'이렇게 일하겠습니다' 란 시책을 내놓고 이를 매일매일 점검하고 실시하자 이에 대한 반발과 저항도 상당히 심했다. 사실 공무원들로서는 이런 정책들이 부담스럽고 불편했기 때문이다. 특히 '출근시간 30분 앞당기기'와 '시간외 근무 체크 제도 개선', '간부 공무원의 주소 옮기기' 등에 대하여는 저항이 심했다.

일부 공무원들은 이런 제도를 무력화시키기 위해 내가 내세운 다른 정책들까지 모두 싸잡아 비판하기도 했다. 내가 시행하고자 하는 시책의 정확한 내용이나 의도를 모르는 기자들과 시민단체 관계자들에게 왜곡된 정보를 흘려서 비판과 반대의 목소리를 확산시키려 들었다. 나는 일부 시책은 합리적인 조정을 하면서도 '이렇게 하겠습니다'의 13개 항목을 지속적으로 밀고 나갔다.

전화 지역번호 천하통일

KT 유선전화 지역번호가 지금은 031로 광역화로 통일되어 있지만, 1999년에는 지역별로 각각 달랐다. 시흥시 관내에 사용되는 지역번호는 소래권과 연성동 지역은 인천 지역번호인 032, 정왕동 공단지역은 안산 지역번호인 0343, 목감동은 안양권인 0345, 과림동과 무지내동은 서울 지역번호인 02 등 4개 지역번호가 뒤섞여 사용되었

> # 전화번호 시 '031' 정하고 추진
> ## 통화권 단일화 설문내용 변질 '의혹'
>
> ### 김정규 자치행정국장 발언 '파문'
>
> 김정규 자치행정국장이 시흥시 전화권 통합과 관련한 시흥시의회 행정사무감사특별위원회(위원장 김용훈 의원)소관업무 답변과정에서 "시는 일관되게 지역전화번호를 031로 한다는 방침을 정해 추진해 왔다"고 공식적으로 표명해 충격을 주고 있다.〈본보10월8일자7면〉
>
> 또 김 국장은 "일관된 방침을 적극적으로 추진하는 과정에는 순기능과 역기능이 있을 수 있다"고 말리고 "일관된 방침을 추진하는 것은 역기능 보다 장점이 더 많다"고 밝혀 시흥시가 통화권 단일화를 추진하면서 전화통화 설문 내용을 변질할 것 아니냐는 의혹을사실상 시인한 셈이 돼 통화권 단일화를 둘러싼 일련의 사태가 걷잡을 수 없이 발전하는 것 아니냐는 우려를 낳고 있다.
>
> 김정규 자치행정국장은 지난달 29일 시흥시의회 2층 회의실에서 열린 자치행정국 소관 행정사무감사도중 이종근 의원이 질의한 "전화번호부 여론조사에 사용된 설문이 담긴 정통부안과 달리 변질된 것 아니냐"는 요지의 질문에 대한 답변 과정에서 이같이 밝혔다.
>
> 이에 따라 시흥시가 전화통화권 단일화 작업을 추진하면서 자치행정국이 031이라는 방침을 정한 뒤 1 만여명의 시민을 여론조사 들러리로 세워 시민을 우롱한 것 아니냐는 비판이 제기되는 등 사태발전이 심상찮게 돌아가고 있다.
>
> 김정규 자치행정국장은 이날 같은 답변에 앞서 "지난 7월10일 부임하기전 당시 시의회 의장이던 이종근 의원과 공 · 사석에서 전화통화권 단일화와 관련해 얘기한 일이 있었다"고 밝히고 "정통부 설문조사에 지역번호를 031로 단일화하는 방안을 묻는 질문을 넣었으며 이는 경기도 지역번호가 031임을 전제한 후 표현했을 뿐 설문이 변질된 것은 아니다"라는 해명을 하기도 했다.
>
> 또 김 국장은 "시흥시지역 전체가 032를 지역전화번호로 사용했다면 이를 고수했을 것"이라는 입장을 밝히며 "의회 간담회장에서 답담계장이 보고한 것은 유감"이라고 말했다.
>
> 한편, 이날 행정사무감사에서는 김 국장의 해명과는 달리 자치행정 과정은 이 문제와 관련, 시흥시간 의원들에게 사과하는 태도를 보였으며 김용훈 특위위원장은 "집행부는 주민불편을 최소화하는 방안을 고려했어야 했다"며 김 국장의 태도를 나무라기도 했다. 〈김동인 기자〉

〈흥안신문〉 1999년 12월 3일자

다. 그러다 보니 외부 사람들은 물론 시흥시 주민들조차도 같은 시에 살면서 전화를 걸려면 일일이 전화번호부를 찾아보거나 교환원에게 물어서 지역번호를 알아내 전화를 걸어야 하는 불편을 겪어야만 했다.

정부와 KT에서는 이런 불편 사항을 시정하고자 전국 광역 지자체별로 지역번호를 통일하기로 하고 자치단체와 협의하여 추진 중이었다. 그런데 일부 주민들이 광역화하는 것을 적극 반대하였다. 특히 032를 사용하고 있던 소래권에서 반대하였고, 광명시와 인접한 과림동 일부 지역에서도 02번호를 그대로 사용하겠다며 강력히 반대하였다.

내 꿈은 공무원이었다

과림동 일부 지역은 가구 수도 적었고, 지역적으로도 시외과 이라 변경하지 않더라도 큰 문제가 되지 않았다. 그러나 시흥시의 중심이라고 할 수 있는 소래권과 연성동을 인천 지역번호로 사용한다는 것은 말이 되지 않았다. 경기도 지역번호를 사용하지 않고 인천 지역번호를 계속 사용한다면 행정 체계상 시흥시는 둘로 나누어지는 느낌을 가질 수도 있다.

나는 모두 031로 통일시켜야 한다는 방침을 갖고 이를 적극 추진하였다. 소래권 지역 주민들과 의회에서 계속 반대 목소리를 내고 있었지만 물러서지 않았다. 문제는 KT에서 의회와 소래권 주민 다수가 반대를 하자 일을 추진해 나가지 못하고 움츠러 들었다. KT의 경기도 담당 부장도 마찬가지였다.

"국장님, 소래권 주민들도 반대하고, 의회에서는 의장부터 반대하는데 어떻게 해야 좋겠습니까?"

"무슨 소리입니까. KT에서 계획하고, 추진하는 사업이 아닙니까. 당연히 모두 031로 통합해야지요."

"그래도…, 의회에서 반대가 심한데 무리하게 추진하다보면 문제가 생길수도…."

그 부장은 자기네 업무인데도 소신 없이 우물쭈물하며 아무런 의견을 제시하지 못하고 있었다. 내가 다시 원칙대로 추진할 것을 요청하자 "그럼 문제가 발생하게 되면 국장님께서 모든 책임을 지시겠습니까?"라고 말했다.

KT 입장에서는 꼭 해야 되는 일임에도 불구하고 담당자가 무소신, 무대책으로 일관하는 것을 보고 나는 속으로 한심하다고 생각했다.

"좋습니다. 내가 모든 책임을 질 테니 추진하십시오."

그리고 시장님께 면담 결과를 보고한 후 나는 '통화권 단일화에 대한 주민 여론조사'를 실시했다. 관내 주민 1만여 명을 대상으로 통·반장을 통하여 실시한 것이다. 여론조사를 실시하자 걱정했던 것과는 달리 찬성 쪽 의견이 더 많이 나왔다. 그래서 여론조사 결과를 의회에 통보하고 전화번호 통합을 기정사실화했다.

그러자 의회와 지방신문들이 여론조사의 공정성에 대해 문제 삼으며 들고 일어났다. 나를 비롯한 시청 공무원들이 여론조사 문항을 왜곡해서 찬성 의견이 많이 나오게 했다는 것이다. 생트집이었지만 나는 시의원들과 기자들에게 지역번호 단일화 필요성과 이점에 대해 설명하고, 이를 설득해 나갔다. 주무국장으로서 한동안 지역의 여론과 의회의 비판, 비난에 시달리기도 했지만 흔들리지 않고 밀고나가 결국 천하통일을 할 수 있었다.

9
인생 후반기

시장과 부시장

　　　　　　　지자체간의 인사 교류는 기관장 상호간 합의가 있어야 가능했다. 도청에 근무하고 있었던 나는 당시 시장님 덕분에 내 고향 시흥시에서 근무할 수 있었다. 부시장 역시 시장님이 시흥시에서 근무하도록 받아 주었기 때문에 근무하게 됐다.

　그런데 이 두 분 사이에 심각한 갈등이 벌어져 중간에서 내가 매우 곤란했던 일이 있었다. 하루는 시장님께서 나를 불렀다.

당시는 시장 임기가 중반을 넘어가고 있던 시점이라 다음 선거에 관한 풍문들이 나돌던 시기였다.

"김 국장, 이상한 소문이 들려서 묻겠는데 부시장이 다음 시장 선거에 나온다는 얘기가 시중에 많이 돌던데 무슨 얘기 들은 바 없는가?"

나는 처음 듣는 얘기라,

"금시초문인데요? 다음 선거에 시장님께서 다시 출마하실 예정이라는 것을 모두 알고 있는데 설마 부시장이 나오실까요?"

"그러게 말이야. 부시장은 내가 취임한 후 지사님 부탁으로 부시장으로 받아준 사람인데 차기 선거에 출마해 나하고 경쟁한다면 인간적으로 섭섭한 일이 아닌가?"

"예, 그것은 예의가 아니죠. 그렇지만 혹시 잘못된 소문인지 모르니 조금 더 확인해 보시지요."

"아니야, 내가 그동안 예의주시하고 있었는데 확실한 것 같아. 만일 그렇다면 정말 의리가 없는 사람이지. 김 국장, 이 문제를 어떻게 해결해야 하지…?"

선거와 관련된 문제가 발생하니 시장도 무척 고민스런 모습이었다.

"시장님, 그렇다면 부시장을 한번 부르셔서 말씀해 보시죠. 본인 얘기를 직접 들어보시고 사실 여부를 확인하시는 것이 좋을 것 같습니다."

내 꿈은 공무원이었다

나는 시장과 부시장 사이에 벌어지는 일이라 객관적인 입장을 유지할 뿐이었다. 부시장 본인에게 직접 확인하는 것이 좋을 것 같다는 말을 하고 시장실을 나왔다. 그 뒤 일에 파묻혀 그 문제를 잊고 있었다. 그런데 그로부터 두 달 가량이 지나서 시장님이 나를 불러 다시 구체적인 이야기를 하는 것이었다.

"내가 그동안 부시장에게 두 번이나 그 말을 물어보았는데 처음에는 '미안합니다. 다시는 그런 말이 나지 않도록 하겠습니다.'라고 해서 믿었는데 또다시 '부시장이라고 차기 시장 선거에 나오지 말라는 법이 어디 있느냐'라는 말이 계속 들려 또다시 확인했더니 차라리 자기를 다른 곳으로 보내달라고 그러더라고."

그러면서 시장님은 부시장이 안양, 용인, 의정부 중에 한 곳으로 가기를 원해서 그 내용을 도지사께 상의했다는 것이었다. 그런데 문제는 안양, 용인, 의정부 시장은 물론 도내 31개 시장, 군수가 모두 받지 않겠다고 한 것이다. 부시장은 시흥에서 시장에 출마한다는 소문이 났던 사람이라 모두가 싫어하고 있었다.

도지사님의 결단

일이 그렇게 되자 시장님은 도지사님과 그 문제를 협의했는데 지사님은 "나한테 맡기시오. 내가 알아서 하겠소."라고 했다. 며칠 후 부시장은 경기 제2청 국장으로 발령났다.

도에서 인사 발표가 난 날 부시장이 나를 부르더니 노발대발 화를 내기 시작했다. 도청 국장으로는 다시 절대 갈 수 없다는 것이다. 왜 본인이 원하지 않는 곳으로 발령을 했냐는 것이었다. 그러면서 시흥시에서 명예퇴직을 하겠다고 했다. 도청 국장 발령은 취소하고 명예퇴직을 할 수 있도록 시장에게 가서 말하라는 것이었다. 그러면서 명예퇴직서를 내놓았다.

부시장은 관선 군수까지 역임한 사람이다. 공무원 인사 원칙에 대해 누구보다도 잘 알 수 있는 사람이 이미 결정된 인사를 막무가내로 거부한다는 것이 내가 보아도 매우 잘못된 행동이었다. 나는 시장실로 가서 부시장의 그런 뜻을 전했다.

"시흥시에서 명예퇴직을 시켜달라고? 아니 오늘 오후에 사령장이 교부된다는데 지금 그것을 취소하자고 하면 어떻게 하나? 김 국장, 어떻게 해야 되지?"

"시장님께서 지사님과 한번 협의를 해보시죠. 부시장께서 저렇게 완강하게 나오니 무슨 방법을 찾아보시는 것이 좋을 것 같습니다."

그러자 시장님은 도지사께 전화를 걸어 자초지종을 설명하고 일단 발령을 취소하고 본인 요구를 들어주는 방법은 없겠냐고 말씀드렸다. 그러나 도지사님은 시장님에게 "무슨 소리요. 오늘 오후에 사령장을 교부한다고 방송까지 했는데 지금 와서 인사를 어떻게 취소한다는 말이요. 안됩니다. 명예퇴직을 하더라도 도에 와서 하라고 해요. 내가 잘 알아서 할 테니 일단 도청으로 올려 보내시오."라고 말했다.

도지사님께서 시장님께 한 말을 전해들은 나는 다시 부시장에게 찾아가 그 말을 전해 주었다. 그러자 이번에도 더욱 화를 내면서 당장 사표를 쓸 테니 퇴임식을 할 수 있도록 해달라고 말했다. 내가 중간에서 아무리 좋게 말씀드려도 막무가내였다.

나는 다시 시장님께 그 사실을 전하고 "다시 한 번 도지사님께 말씀드려 봐달라."고 하였다. 시장님도 나와 마찬가지로 매우 곤란했지만 할 수 없이 다시 전화를 했다. 그러나 전화가 연결되지 않았다. 도지사께서 화성시 신청사 개청식에 참석하러 갔다는 것이었다. 나는 도청 최원택 자치행정과장과 긴밀히 연락하여 신청사 개청식을 하고 돌아오는 승용차 안에서 핸드폰으로 시장님과 통화할 수 있도록 조치를 취했다.

도지사님께 혼쭐난 시장님

예정되어 있던 오후 2시 반 경에 맞추어 시장님이 도지사님에게 전화를 했다.

"지사님, 정말 죄송한 말씀입니다만 부시장이 이번에는 당장 퇴직한다고 하는데 시흥시에서 퇴직할 수 있게 해주시기 바랍니다."

그러자 도지사님이 사정없이 시장님에게 호통을 치는 것이었다. "인사발령에 항명하는 것은 공무원으로서는 천명을 거역하는 것과 마찬가지로 중벌로 다스려지는 것을 모르시오." 라면서 시장, 부시장이 모두 정신 나간 사람들이 아니냐는 것이었다. 도지사께서 얼마나 화를 내는지 옆에서 듣는 내 귀에도 크게 들릴 정도였다. 시장님은 그저 "죄송합니다."를 연발하며 사과를 하다가 통화를 겨우 마쳤다. 도지사께 다시 전화를 연결시켜준 내가 시장님께 송구스러웠고, 쥐구멍이라도 있으면 숨고 싶은 심정이었다.

통화가 끝난 시장님의 난감한 얼굴을 본 나는 다시 부시장을 찾아 갔지만, 그는 이미 시청에서 나가버리고 자리에 없었다. 나는 관사로 찾아갔다. 관사로 가보니 부인과 함께 있었다. 나는 시장님이 도지사께 두 번이나 전화를 한 사실과 그 내용을 전해주었으나 부시장 부부는 내 말은 전혀 들으려 하지 않았다.

그러면서 시장이 도지사에게 얘기해서 자기를 쫓아내는 인사를 한다고 하면서 매우 섭섭하다는 것이었다. 참으로 곤란한 일이 아닐 수 없었다. 부시장 부부는 그날 나한테 사직서를 던져주고는 어디론가 가버렸다. 결국 부시장은 제2도청의 국장으로 근무하다가 명예퇴직을 하였다.

시장 부인의 전화

총무국장으로 재직하던 중 총무과장이 인사와 관련된 기안을 가지고 왔다. 임시직으로 근무하는 직원 중 2명을 청원경찰로 발령한다는 내용이었다. 청원경찰의 임명권은 자치행정국장인 나에게 있으므로, 사전에 상의하는 것이 원칙인데 사전 협의 없이 결재서류를 가져온 것에 조금은 의아해 하면서,

"임시직을 청원경찰로 하면 정규직으로 되는데, 두 사람만 특별히 해주는 것은 무슨 이유이지? 두 사람보다 임시직으로 더 오래 근무한 김○○ 씨가 있는데 그 사람은 왜 누락이 되었죠?"

내 질문에 답변이 궁색한 총무과장은 다시 검토해 보겠다고 하면서 돌아갔다. 이튿날 총무과장은 김○○ 씨를 포함 3명을

청원경찰로 임명하는 결재서류를 다시 가지고 왔다. 내가 계속해서 묻자 총무과장은 "그게…, 뭐 특별한 근거는 없습니다. 다만 청원경찰이 결원이라 보충해도 괜찮을 것 같습니다."

"아니 이거 보시게. 근거도 없다면서 임시직을 정규직으로 채용하면 문제가 있지 않은가?"

내가 이렇게 말하자 과장은 매우 곤란하다는 표정을 지으며 머뭇거리더니 "국장님, 다른 시·군에서도 이렇게 합니다. 그렇기 때문에 별로 문제 되지는 않을 것 같습니다."

"아니, 다른 시·군에서 규정을 무시한다고 우리 시도 그렇게 해야 한다는 말이요? 행자부에서 청원경찰직 결원이 생기더라도 보충하지 말라는 지시가 있었는데 왜 이렇게 지시를 어기면서까지 임명하려는 것이오?"

내가 그렇게 말하고 결재를 하지 않자 총무과장은 할 수 없이 결재안을 도로 가지고 갔다. 그런데 그 이튿날 시장 부인한테 전화가 왔다. 사무실에서 업무를 보고 있는 중이었다. 당시 시장은 해외 출장 중이었다.

"사모님 안녕하십니까? 어쩐 일이십니까?"

"김 국장님, 총무과장이 가져간 인사 서류에 왜 결재를 안 해주는 거죠?"

시장 부인의 느닷없는 전화에 나는 순간 당황할 수밖에 없었으나 마음을 가다듬고 침착하게 답변했다.

"네? 아, 그 인사 안은 조금 문제가 있어서 검토를 하고 있습니다."

"검토는 무슨 검토예요. 빨리 결재하세요."

나는 전화기로 들려오는 시장 부인의 명령적 말투를 듣고 잠시 할 말을 잃었다.

"이것 보세요 국장님, 시장님이 국장님보다 행정을 몰라서 시켰겠어요? 그리고 시장님이 총무국장을 시켜줬으면, 시장님을 알아서 잘 모시는 게 도리 아닌가요?"

그리고는 전화를 툭 끊어버리는 것이었다. 나는 속에서 부글부글 화가 끓어오르고, 가슴이 뛰었지만 참을 수밖에 없었다. 잠시 생각을 하던 나는 부시장을 찾아가 자초지종을 설명하고 어떻게 해야 좋을지를 물었다. 부시장도 나와 같이 "도대체 있을 수 없는 일"이라며 한탄만 할 따름이었다.

시장이라는 위치가 불가피한 청탁도 많다는 것을 모르는 바 아니었지만 그런 방식으로 일을 처리한 것은 잘못된 일이 분명했다. 차라리 시장이 나를 불러서 솔직하게 얘기했다면 나는 모든 책임을 지고라도 일이 성사될 수 있는 방법을 적극적으로 찾아 보았을 것이다. 지금 생각해 보아도 시장 부인의 전화는 참으로 잘못된 일이라고 본다.

9 | 인생 후반기

시장선거

2×××년 ×월 ××일 광역자치단체장과 광역의원, 기초자치단체장, 기초의원을 선출하는 4개 지방선거가 있었다. 당시 시흥시 시장 후보는 3파전이었다. 그때 나는 산업경제국장 직에 있었다.

그런데 선거 2일 전 막내동생 천규가 늦은 시각에 집으로 나를 찾아와서 긴장된 표정으로 큰일 났다고 말을 꺼낸 후 한숨을 돌리고나서 모 후보한테 그동안 친구와 같이 3억 원을 도와 주었는데 도와준 김에 내일까지 2억 원만 더 도와주면 꼭 당선될 수 있다고 간곡하게 부탁하여 어떻게 했으면 좋겠는지 자문을 구하기 위해 찾아온 것이다.

나는 대뜸 "자네가 돈이 얼마나 많길래 그렇게 큰돈을 주었느냐?"라고 질책하면서 어떠한 경우라도 앞으로 더 이상 주지 말라고 단호하게 말했다. 호되게 야단을 맞은 동생은 3억 중에 자기 돈은 7천만 원밖에 안된다고 하면서 그렇지 않아도 돈이 없는데 후보께서 숨이 넘어갈 듯한 심정으로 "당선되면 일등공신으로 생각하고 평생 은혜를 잊지 않겠다."라고 하면서 "한 번만 더 도와달라고 합니다. 후보 부인도 삼촌이라고 부르면서 도와달라고 얘기하니 나도 괴롭고 답답하여 형님께 말씀드린다"고 했다. 나는 계속해서 도와준 것에 대하여 질책했고, 그래서 막내동생은 더 이상 도와주지 않은 것으로 알고 있다.

선거 결과 그 후보가 당선됐다. 그런데 취임 후 신고한 재산등록(공직자윤리위원회공고) 사항에 보면 위 3억 원에 대한 채무액을 찾아볼 수 없다.

공직자윤리법에 의하면 공직자와 배우자 그리고 직계존비속의 재산 사항을 사실 그대로 공개하도록 되어 있다. 공직자는 누구보다도 법을 준수해야 한다.

불명예 퇴직

1970년 1월 20일 소래면 면서기로 출발하여 2004년 10월 15일 시흥시청 국장으로 그만두기까지 35년간 오직 이 한길을 걸으며 내 꿈을 이루어 왔다. 공무원을 하는 동안 나는 공정한 행정, 투명한 행정을 최고의 원칙으로 삼았다. 나는 농민들과 서민들이 관으로부터 부당한 일을 당하지 않고 편안하게 살 수 있도록 하는 것이 공무원의 의무이자 내 의무라고 생각하며 살아왔다. 일하는 것이 즐거웠기에 열심히 일했고, 사명감과 자부심을 가졌기에 사리사욕을 채우거나 죄 지은 일이 없었다.

그러나 나는 '직권 남용'을 했다는 누명을 쓰고 불명예 퇴직을 당하고 말았다. 부당하고, 억울한 사건이었다. 명예로운 정년퇴직을 불과 1년 반 앞두고 강제로 물러나야만 했다. 4년여의 시간이 흐른 지금 다시 생각하기도 싫은 사건이지만 나와 같이 억울하게 당하는 공무원들이 다시는 없기를 바라는 마음 간절하다.

시흥시청에서 총무국장으로 일하던 2000년 9월경 어느 날 동생으로부터 전화가 걸려왔다. 4남 2녀 중 막내 남동생이었다. 동생은 시흥시에서 사업을 하며 J.C(한국청년회의소)활동도 하는 등 사회활동을 열심히 하고 있었다. 잠시 안부를 묻고 난 동생은 '김미경'이라는 이름을 대면서 시청에 건축허가를 신청했는데 어떻게 되었는지 한번 알아봐 달라고 말했다. 내가 공무원으로 일하면서 일에 관해서는 가족들에게도 매우 냉정했다. 내 성격을 아는 동생인지라 사무실에 전화를 거는 경우는 거의 없었고, 더군다나 업무와 관련해서 부탁을 한 적은 단 한 번도 없었기에 나는 일단 알았다고 말하고 전화를 끊었다.

막내동생의 전화

　　　　　　　　　　건축허가 업무를 담당하는 도시국의 건축허가 담당 직원을 명단에서 찾아 전화를 걸었다.
　"아, 수고 많네. 나 총무국장인데, 혹시 김미경이란 사람이 건축허가를 신청했다는데 어떻게 되고 있는가?"
　그 직원은 전화기를 들고 한참 서류를 뒤적이는 것 같더니, "국장님, 그런 건은 아직 접수되지 않았습니다."라고 말했다.
　나는 동생에게 전화로 그런 건축허가는 아직 접수되지 않았다고 말해주었다. 그런데 한 일주일쯤 후에 다시 동생으로부터 전화가 온 것이다. 그러면서 지난번 말한 그 허가 건을 확실히 접수시켰으니 다시 한 번 알아봐 달라는 것이었다.
　그래서 "지난번 말한 건축허가 건을 접수시켰다는데 어떻게 되고 있는가?"라고 지난번과 같이 묻자 그 직원은 그 서류가 접수되긴 했는데 약간 미진한 부분이 있어 보완을 요청한 상태라고 답변했다. 나는 동생에게 전화로 들은 대로 말해주었을 뿐이다. 단 두 번 전화를 걸어서 동생이 알아봐 달라고 한 사항을 담당자에게 물어봐서 알려준 것뿐이었다. 허오행 담당자는 내가 전화할 때 맹지라는 얘기를 전혀 하지 않았으며, 더욱이 조금이라도 문제가 있다는 말을 하지 않았다.
　나는 당시 지인들로부터 건축허가뿐만이 아니라 주정차 위반

9 | 인생 후반기

과태료를 면제해 달라, 세금이 부당하다 등등 다양한 민원에 대하여 알아봐 달라는 전화를 수없이 받았다. 총무국장인 나한테 전화해서 알아봐 달라고 하니 직접 알아보시라고 말씀드리고 싶었다. 하지만 공직자의 자세가 아니라고 생각되어 짜증이 났지만 일일이 메모했다가 알려주곤 했다. 동생이 전화한 건도 같은 선상에서 알아 보았을 뿐이다.

누명 씌우기

그 일을 까마득히 잊고 있었는데 지역신문에 그 허가 건이 부당하다는 보도가 나왔다. 나는 보도 내용을 대수롭게 생각하지 않았다. 부당하게 압력을 행사하거나 개입하지도 않았기 때문에 나는 태연했다. 그런데 동생은 맹지인 땅에 설계사무소의 도움을 받아 건축허가를 받았던 것이다. 나는 그런 사실을 전혀 몰랐다. 나중에 그 사건이 법정까지 가서야 자세한 내용을 알게 되었다.

하늘에 맹세코 그 땅이 맹지라는 사실을 알고 직원에게 전화를 했다면 지금도 천벌을 받아 마땅하다고 본다. 공직에 봉직하며 공정성과 투명성을 누구보다도 강조한 내가 그와 같은 불합리한 일을 알았다면 친동생이라도 절대 용납하지 않았을 것이다.

나는 지역의 몇몇 사람들이 우리 형제를 부당하게 공격하고, 나쁜 소문을 퍼트리고 있다는 것을 잘 알고 있었다. 그도 그럴 것이 시흥 토박이인 우리 3형제 중 첫째인 내가 시청의 요직인 총무국장에 앉아있고, 셋째가 시의회 의장까지 하며 활발히 정치활동을 하고, 넷째가 사업을 하며 J.C활동을 하는 등 겉으로 보기에 모두 잘 나가고 있는 것처럼 보였기에 3형제가 다 해먹는다는 허무맹랑한 소문이 퍼지고 있었다. 지금 이 시각에도 우리 형제들에게 위와 같은 흠집을 내고 있는 분들이 많다. 참으로 안타까운 일이다.

그 사건이 있은지 2년이나 지나서 나에 대한 나쁜 소문이 들리기 시작했다. 내 동생이 건축허가를 받을 수 있었던 것은 시청 총무국장인 내가 도와주어서 그렇게 되었다는 소문이었다. 그러더니 어느 날 경찰서에서 조사하겠다는 연락이 왔다. 나에게 동생 사건과 관련한 '직권 남용' 혐의가 있으니 조사를 해야겠다는 것이었다.

나는 경찰의 태도를 이해할 수 없었지만 조사를 받았다. 건축허가를 내주었던 도시국의 담당 직원과 같이 경찰서에 나가 조사를 받았다. 경찰은 담당직원에게 어떻게 압력을 주었는지 내게 물었다. 나는 당시 내가 전화를 두 번 걸어 문의했던 상황을 그대로 말해주었다. 더 이상 말할 것이 없었다. 그러자 경찰은 담당 직원을 물고 늘어졌다. 총무국장 전화를 받고 심적 부담을 느끼지 않았냐고 유도질문을 했다. 경찰이 그 직원을 추궁하자 그 직원은 "그 땅이 문제가 있었지만, 서류에 이상이 없어 허가 결재를 올렸지만, 국장님 전화로 마음에 부담을 느끼기는 느꼈다."고 애매모호하게 말하는 것이었다.

참으로 어이가 없었다. 만약 내가 전화로 문의했을 때 담당자로서 그 허가 건에 문제가 있다는 것을 얘기만 했어도 그런 문제가 발생하지 않았을 것이다. 또한 자기 상사인 계장이나 과장, 국장에게 결재를 받으면서 허가요건이 충족되어 허가한다고 보고하면서 결재를 받았다는 것이다. 앞뒤가 맞지 않는 대답을 했다. 경찰은 직원이 이 같은 답변을 하는데도 나한테 모든 문제가 있는 것으로 몰고 갔다.

내가 그 건이 꼭 허가가 나도록 해줘야겠다고 생각했다면 건축허가 결재권자이자 절친한 친구인 윤종덕 도시국장에게 사실 얘기를 하고 직접 부탁을 했을 것이다. 그러나 실무자에게 전화로 물어본 것은 단순한 상황을 알아보았을 뿐이다. 결재 권한이 없는 실무자한테 진행 상황을 물어본 전화가 '직권 남용 권리행사 방해' 라니 참으로 억울한 일이다.

내 말을 전혀 믿으려 하지 않고, "마음에 부담을 느꼈다."는 직원의 말만 근거로 하여 경찰은 내 사건을 검찰로 이관시켰다.

내 꿈은 공무원이었다

경찰 조사를 받는 과정에서 누군가 나를 음해하고 있다는 것을 예감할 수 있었다.

검찰 조사

일단 검찰로 사건이 넘어오자 나를 대하는 검찰의 태도도 경찰과 마찬가지였다. 경찰 조서에 쓰인 내용만을 토대로 무조건 내가 죄인인 것처럼 몰아붙였다. 내가 아무리 당시 그 정황을 몰랐고, 압력을 행사할 의도가 전혀 없었다고 말해도 소용없었다. 오히려 앞에서 밝힌 바와 같이 지인들로부터 수많은 전화를 받아 잊어 버릴까봐 메모했다가 친절하게 알려준 것까지 모두 이권에 개입한 것으로 몰아갔다.

그것도 부족해서 내가 거래하는 통장까지 입출금 내역을 모두 확인했다. 그러나 단 한 푼도 이상한 거래는 없었다.

검찰청 민원실에는 '역지사지(易地思之)'라고 쓴 팻말이 있다. 나는 공직 생활을 수행하면서 '역지사지(易地思之)'를 말이 아닌 행동으로 실천했다. 그러한 나의 공직 태도를 모두 이권에 개입한 것으로 취급하니 '이 땅에 정의가 살아 있는가' 라는 회의가 느껴졌다.

결국 기소된 나는 재판에서도 '직원 남용 권리행사 방해' 혐의로 유죄 판결을 받았다. 대법원까지 상고하여 진실이 밝혀지길 원했으나, 2004년 10월 15일 징역 1년에 집행유예 2년형이 확정되었다.

담당 직원의 진실은(?)

담당자가 계장, 과장, 국장한테 요건에 맞기 때문에 허가를 한다고 거짓 보고하면서 결재를 받았는지, 아니면 총무국장이 챙기는 허가 건이라 요건이 맞지 않지만 허가를 해주는 것이라고 말하면서 결재를 받았는지 둘 중에 하나는 분명한데 나를 중형으로 기소하였다면 건축허가 담당자를 포함, 결재 선상에 있는 모두가 문책되어야 함에도 일체의 책임을 묻지 않고 나에게만 무거운 벌을 내린 것이다.

동료 및 하위 직원들에게 벌을 주지 않은 것을 원망하는 것이 아니라 사안으로 봐서 책임의 한계가 분명한데 나한테만 무거운 벌을 준 것은 옳지 않다고 생각되기 때문이다. 표적수사로 처벌한 느낌이 강하다.

불명예 퇴직으로 나와 내 가족이 잃게 된 손해는 막심했다. 퇴직금과 퇴직 후 매달 받게 될 연금도 반 토막이 되었다. 35년간 봉직함으로써 받게 될 무궁화 훈장도 사라졌다. 물질적 손해도 손해였지만, 내가 받은 정신적 충격이 너무 컸다. 평생을 자랑스럽게 근무한 공직에서 불명예퇴직을 당하면서 나의 명예와 자존심은 사정없이 짓밟혀졌다.

내 사건이 있은 후 시청의 간부 공무원들은 지인들로부터 민원을 알아봐 달라는 전화를 받기 부담스러워했고 설사 받았다 하더라도 단순히 알아보는 전화라고 부연해서 담당자에게 설명할 정도였다는 웃지 못할 일이 벌어진다고 했다.

그러나 지금 나는 그 사건과 관련된 모든 사람들을 탓하고 싶지 않다. 분명한 것은 그런 상황이 다시 온다면 나는 더욱더 민원인 입장에서 생각하고 긍정적으로 민원을 해결해 주도록 말이 아닌 행동으로 실천할 것이다. 감옥에 가더라도 역지사지(易地思之) 마음으로 일하겠다. 나같이 억울한 일로 뜻하지 않은 불행을 겪는 공무원들이 더 이상 없기만을 간절히 바랄 뿐이다.

사회복지학을 공부하고

정년퇴직을 눈앞에 두고 타의에 의해 불명예스럽게 퇴직을 당한 내가 겪은 정신적 상처는 상당히 컸다. 평생 국가에 충성하고, 국민에게 봉사한 대가치고는 너무 혹독했다. 물질적 손해보다도 더욱 견디기 힘든 것은 징계사유였다. 내가 공직을 이용해서 직권을 남용했다는 것이 세상 사람들에게 사실처럼 알려진다는 것은 참으로 통탄할 노릇이었다.

그해 가을과 겨울은 견디기 힘든 계절이었다. 술도 많이 마셨고, 집사람과 함께 여기저기 여행도 다녀보기도 했지만 분노를 삭이고, 정신적 충격에서 벗어나기란 쉽지 않았다. 그러다가 이듬해 봄이 되자 나는 집사람과 같이 명지대학교 사회교육원에 입학했다. 노년에 새롭게 공부를 하면서 서서히 다시 생활의 활력을 되찾았다. 나이 예순에 대학교에 나가 학생들과 어울려 강의를 듣고, 책을 보면서 힘든 일들을 잊기 시작한 것이다. 나와 집사람이 같이 사회복지학을 공부하자 그 모습을 보고 주변에선 모두 부러워했다.

명지대 사회교육원에서 내가 전공한 과목은 사회복지학이었다. 사회복지학은 공무원 생활을 하면서도 관심을 두었던 분야였다. 나는 여건이 된다면 언젠가는 사회복지시설을 한번 운영해 볼 생각까지 해보았다. 1년 과정의 사회복지학은 일주일에 3일씩 학교에 출석해 풀타임 강의를 듣는 집중 과정이었다.

우리 반에는 모두 38명이 다니고 있었는데, 내가 그 중 두 번째로 나이가 많았다. 여학생들은 나를 '왕오빠'라 불렀고, 남학생들은 나를 '왕형님'이라고 불렀다. 학급 동료들이 모두 '사회복지'라는 공통의 관심을 가지고 공부를 하는 학생들이라서 직장에 다닐 때와는 전혀 다른 친근감과 즐거움을 느낄 수 있었다.

여름방학에는 시흥시 관내에 있는 보육원으로 실습을 나가기도 했다. 실습을 겸한 봉사활동을 할 때면 나는 나이를 잊고서 다른 젊은 학생들과 똑같이 일을 하였다. 아이들과 놀아주기도 하고, 청소도 해주고, 공부도 가르쳤다.

우리나라 복지예산이 많이 늘었다고는 하지만 현장에서 보는 보육원 시설과 생활환경은 아직도 아이들이 만족을 느끼기에는 거리가 멀었다. 부모도 없이 열악한 환경에서 자라나는 어린 아이들을 보면서 가슴이 무척 아프고 안타까운 심정이었다. 나는 보육원에서 실습을 하는 동안 복지시설에 예산이 더 많이 지원되어야 한다고 생각했다.

공부를 시작한지 1년 후 나는 사회복지학 문학사(학위번호 22047)와 사회복지사 2급 자격증(번호 2-69553)을 획득했다.

시흥시의 고무줄 행정

　　　　　　　　　　불명예스럽게 공직을 그만 두고 명지대학교 사회교육원에 다니면서 앞으로 할 일에 대해 고민하던 중 아버지로부터 상속받은 토지에 주유소를 신축하려고 허가 신청서를 냈다.

　당시 개발제한구역 내 주유소 설치 기준은 1) 도로법 및 도시계획법에 의거 개통된 도로변에 한하며, 2) 주유소간 거리는 좌·우회전을 포함 편측으로 2킬로미터를 유지하도록 했다. 한편, 우량 농지나 임야에는 허가를 하지 못하도록 되어 있다.

　내가 신청한 토지는 도로법에 의거 시도 285호로 16년 전인 1989년 6월 5일 시흥시 공고 제68호로 지정된 도로이고, 국토의 계획 및 이용에 관한 법률에 의거 도시계획도로 중3-24호로 고시된 도로로서 노선버스가 다니는 도로이다. 물론 우량 농지나 임야도 아니다. 더욱이 시흥시에서 1994년 2월 14일 개발제한구역 내 주유소 배치 계획 고시(제94-5호)에도 주유소 신설이 가능한 토지로 된 곳이다.

　그런데 불허가 됐다. 몇 번에 걸쳐 주고받은 답변에서 시흥시장은 '법 규정에 적합하다 할지라도 개발제한구역 내의 행위허가는 허가권자의 자유재량 행위에 해당하는 것으로서, 허가 또는 불허가 처분을 할 수 있는 바'라는 답변을 했다. 참으로 잘못된 답변이다.

　더욱 이해할 수 없는 것은 2003년 11월 22일 허가된 물왕동 56번지 금진 주유소는 도로법과 도시계획법에 의하여 지정된 도로도 아니며, 1995년 4월 18일 허가된 물왕동 336번지의 물왕 주유소와의 거리가 1.6킬로미터로서 2킬로미터가 되지 않는 곳인데 허가가 됐으며, 2005년 8월 19일 허가된 조남동 540-4번지는 도로법에 의거 인정된 도로가 아니며, 지목이 임야인데도 허가가 됐다. 정말 이상한 허가가 아닐 수 없다.

　이상한 일이 또 있다. 시흥시 대야동 57-5번지에 신청한 주유소 허가는 3심까지 가면서 모두 승소했는데도 허가를 해주지 아니하여 허가를 해주라는 소송을 제기하여 결국 허가 받은 경우도 있다.

　무릇 모든 행정은 공정하고 투명하게 이뤄져야 하는데 위와 같이 편파적이고, 불공정하고, 무원칙한 행정으로 뜻있는 시민들로부터 원성을 사고 있다. 모든 행정은 문서로 남는다. 위 민원처리 내용은 시간이 지났더라도 소소영명(昭昭靈明)하게 진실이 밝혀져야 한다고 본다.

　한심스러운 일이 또 있다. 시흥시장이 불허가 처분을 한 후 내가 경기도청에 행정심판을 준비하고 있었는데 2005년 12월 30일 개발제한구역 내의 주유소 배치 계획을 새롭게 고시(제2005-84호)하면서 요건을 대폭 강화했다.

9 | 인생 후반기

도로의 정의를 명확히 함으로써 다툼의 소지를 제거한다는 명분으로 규제를 강화한 것이다. 그리고 이를 행정심판 때 답변 자료로 제출해 유리하게 활용하기도 했다. 나 때문에 요건을 강화한 느낌이 든다. 어찌됐든 주민들이 입는 피해가 클 수밖에 없다. 머슴인 공직자가 주인인 시민보다 높은 곳에 있으려고 하면 안 된다는 것을 공직자들은 가슴깊이 새겨야 될 것이다.

이와 같이 시흥시청에서 보여준 독선적인 행정의 형태는 더 이상 있어서는 안 된다. 또한 그러한 잔재가 아직도 남아 있다면 하루 빨리 고쳐져서 시민 누구에게나 공정하고 투명하게 예우하는 공직 풍토가 조성되어야 한다. 시민들의 불평, 불만, 불신은 공정하지 않고 투명하지 않은 원칙 없는 행정에서 비롯된다는 것을 시장 이하 전 공직자는 명심해야 한다.

10
가족 이야기

제갈량 아내 같은 부인

　　　　　　　　　　나는 1974년 봄 결혼 하여 딸과 아들 남매를 낳고 1989년 이혼을 했다. 이혼 후 4년여 동안 정신적, 육체적으로 상당히 어렵고 불안정한 삶을 살고 있었다. 당시 어린 두 아이가 있었고, 선천적으로 일과 직장밖에 모르는 성격으로 집안일은 돌볼 생각도 못했다.

　그러면서 보수적인 성격에 인의예지를 중시하며 사람의 살아가는 도리를 벗어나지 않는 삶을 살았다. 원칙과 정직을 중시하는 공무원 생활을 한 까닭으로 보수적 사고방식은 더욱 자리잡아가고 있었다. 고리타분한 생각일지도 모르겠으나 공자님 말씀과 유교적 가치관을 중요시 여기며, 여성이 가정에서 내조를 훌륭히 하고 남자들이 성실하게 일을 해야 가정도 행복하고 나라도 발전한다고 믿고 있다.

1970년대 초 여러 곳에서 중매가 들어왔다. 다섯 명의 동생을 생각해서도 결혼을 미룰 수 없는 형편이었다. 선을 여러 번 봤지만 욕심이 많았다. 제갈량은 자신의 출세를 위해 당대 명사인 황승언이라는 사람의 딸과 결혼했다. 황승언의 딸은 못생기고 볼품이 없었지만 좋은 집안 출신에 학식과 지혜도 뛰어났기 때문이었다.

제갈량은 성공했다. 그러나 나는 한술 더 떴다. 미모까지 원했다. 제갈량보다 더 많은 욕심을 냈다. 속된 말로 주제 파악을 못한 것이다. 그런데 뜻이 있으면 길이 열린다고 했다. 친구의 소개를 받은 여성은 부천군청에 같이 다니고 있었으며 제갈량 부인과 같은 명문 집안이었다.

미모까지 원했던 나는 약간 실망했다. 상대는 나를 만족해하는 표정이었다. 찻잔을 만지작하면서 얘기를 나눈 후 다음 약속을 하고 헤어졌다. 그런데 이상하게 약속한 날 불가피한 일이 생겨 30분 정도 늦게 도착해 보니 아무도 없었다. 나중에 알고 보니 먼저 와 기다리다가 자존심이 상해 갔다는 것이다. 그 후 다시 만나지 못했다.

애들의 요구사항

　　　　　　　　　몇 년 후 백부님께서 시흥 군청에 업무관계로 알게 된 한 여성을 소개해 주셨다. 첫 번째 아내였다. 백부님이 보시기에 그 여성이 공무원일 뿐 아니라, 인물도 반반하고, 여성스럽기에 좋다고 생각하고 소개해 주신 것이다. 결국 소개받은 그해에 결혼을 했다.

　공선사후(公先私後), 수처작주(隨處作主) 정신은 신혼 초에도 변하지 않았다. 일에 파묻혀 첫째 딸과 둘째 아들을 출산할 때 산부인과 병원에 가보지 못했다. 전국시대 '질도' 라는 사람은 공무를 위해 평생 가정을 돌보지 않았고, 조나라 '조사' 라는 사람도 출전의 명을 받은 날로부터는 집안일을 전혀 돌보지 않았다. 내가 이런 분들과 비교한다는 것은 주제 넘는 것으로 알고 있지만 직업에 충실했다는 점에서 인용을 해본 것이다. 그러나 아내는 불만이 많아졌다. 완벽주의에 가까운 나의 성격으로 틈이 생기기 시작했다.

　아이들이 커서 초등학교 다닐 때 애들은 옷과 양말 등이 맘에

10 | 가족 이야기

안 들면 울고불고 새것으로 달라고 떼를 쓰곤 했다. 아내는 애들의 요구가 지나치다며 언성을 높였다. 나는 반대로 애들의 요구사항을 만족시키지 못하는 아내에게 심한 질책을 했다. 무엇이든지 요구사항을 다 들어줘서 즐거운 마음으로 학교에 가도록 했다.

내가 초등학교 다닐 때 월사금을 못 가지고 가 울면서 학교에 다니던 생각이 났다. 그러나 그때는 가난해서 그랬다. 지금은 아이들의 요구를 충분히 들어줄 수 있는 상황이다. 그래서 아이들이 만족하도록 다 해주라고 얘기하다보면 아내와 말다툼이 되곤 했다.

완벽주의

언제부터인가 생수를 먹기 시작했다. 팔달산의 생수가 좋다는 신문 보도의 영향을 받았다. 신문 보도로 인하여 팔달산 생수 받기가 어려웠다. 새벽에 나가도 2시간 이상 걸렸다. 주 1회 받아와 마셨는데 어느 날 떨어졌다. 출근하면서 아내에게 시간이 걸려도 택시를 타고 가서 생수를 받아오라고 했다. 늦게 퇴근하여 생수를 찾아 마시는데 맛이 달랐다. 아내에게 물어보니 틀림없이 생수를 받아왔다고 대답했다. 내가 계속 다그치자 거짓말했다고 자백했다. 혈기왕성하고 완벽주의 성격에 돌이킬 수 없는 선을 넘었다. 결국 생수 때문에 싸웠지만 가정 살림에 충실하지 않은 점에 불만이 많았었다. 지금 생각하니 그날 참지 못하고 이해하지 못한 점을 후회했지만, 그 사람과는 백년해로할 인연이 아니었던 것 같다.

아이들 교육

내 잘못으로 생모와 떨어져 자라게 된 은정이와 진욱이를 생각하면 늘 가슴이 아프다. 친엄마가 아무리 못했고, 새엄마가 아무리 그 아이들에게 잘해주었어도 아이들 마음 한곳은 허전한 빈자리가 있으리라 생각한다. 그럼에도 불구하고 진욱이는 의젓하고, 속 깊게 잘 자라주어 든든한 생각이 든다. 진욱이는 처와 함께 휴일이면 꼭 집에 찾아와 함께 많은 시간을 보내고, 내가 떠다 놓은 생수도 한 통씩 가져가 식수로 사용한다.

나는 아이들 교육을 위해 최선을 다하였다. 은정이와 진욱이가 초등학교 다닐 때 관악산을 여러 번 올라갔다. 항상 서울대쪽으로 내려와 학교를 보여주며 "여기가 우리나라에서 제일 좋은 서울대학교이다. 너희들도 자라면 이렇게 좋은 대학에서 공부를 해 훌륭한 사람이 되도록 노력하기 바란다."라고 말했다.

은정이와 진욱이는 비록 서울대학교를 가지는 못했지만, 나름대로 공부를 열심히 하고 좋은 대학을 나왔기에 그 점에서는 두 아이들에게 고마운 마음을 가진다. 진욱이는 인하대학교 영문과를 나왔고, 은정이는 외국어대학교 서반어학과에 입학하여 1년을 다니다가 미국으로 유학을 갔다 왔다.

고등학교 입학시 은정이에 이어 진욱이도 당시 사립 명문고(서인천고)에 들어가도록 했지만 진욱이는 대입시 내신 성적이 중요하다면서 일반 고교로 진학하기를 원했다. 나는 진욱이의 건의를 받아주지 않고 밀어 붙였다. 결과는 진욱이 말이 맞았다.

나는 첫째 은정이가 자라는 동안 늘 애지중지하며 키웠다. 아들 진욱이보다 더욱 더 사랑하는 마음으로 키웠다. 은정이가 집을 뛰쳐나가고, 결혼도 제 멋대로 해버리기 전까지는. 은정이 성격은 고집이 세면서도 철두철미한 점이 있어 좋아했다. 은정이는 서인천고등학교를 다니면서 성적도 늘 상위클래스를 유지했다. 은정이는 이화여자대학교 영문과를 들어가기 원했는데, 담임선생님이 원서를 써주지 않았다.

고집이 센 은정이가 물러서지 않고 담임선생님을 세 번이나 찾아가 원서를 써달라고 요청하자 할 수 없이 써준 것에 자존심

내 꿈은 공무원이었다

이 상한 은정이가 교무실을 나오면서 원서를 찢어버렸다고 한다. 결국 은정이는 외대 서반어학과에 입학했는데, 나중에 보니 은정이 점수면 이대 영문과에 충분히 합격할 수 있었다. 원서를 안 써 주려한 담임선생도, 그것을 찢어버린 은정이도 모두 신중하지 못한 처신이었다.

아버지 말씀 거역

은정이를 위해서라면 뭐든지 다 해주려고 했던 나는 대학 1학년 여름방학을 앞두고 은정이에게,

"이번 여름방학 때 유럽이나 미국 여행을 해라. 가서 넓은 세상을 보고, 견문을 넓혀라. 가급적 코드가 맞는 친구와 같이 가는 것도 좋다."고 했다.

며칠 후 같이 갈 친구가 없어 혼자 미국 여행을 하겠다고 하여 승낙했다. 2주 정도 미국 여행을 하고 온 은정이는 다니던 외대를 그만두고 미국으로 유학을 보내달라고 졸라댔다. 유학 바람이 든 모양이다. 아버지께 말씀드렸더니 "사내자식도 아니고 계집애가 무슨 유학이냐. 지금 다니는 대학교 졸업해서 시집

가면 된다."고 하시면서 극구 반대하셨다. 중간에서 샌드위치가 된 나는 결국 딸자식 손을 들어줬다. 아버지 말씀을 거역하면서….

딸아이(은정)의 돌출 행동

미네소타주립대를 졸업하고 귀국하여 교육 관련 유망 대기업에 취업했다. 그런데 출근한 지 2개월여 되던 날 회사를 그만두었다고 했다. 내 딸이지만 이해할 수 없는 성격이었다. 회사에서는 내게 전화를 하고, 근무하는 사무실까지 찾아와서 "김은정 씨를 제발 좀 회사에 다니게 해주십시오. 회사에서는 특별히 과장 대우까지 하면서 연봉도 높이 주는데 왜 갑자기 그만두는지 모르겠습니다. 사장님께서도 김은정 씨가 갑자기 그만두자 진노하셨습니다."라고 말하는 것이 아닌가. 은정이가 그만두면 자기도 문책 받게 되니 제발 다니게 해달라고 사정사정하며 애원했다. 남들은 대기업에 취직 못해 안달들이었는데 이 아이는 거꾸로 갔다. 이러한 사실을 얘기하면서 설득했지만 성과가 없었다. 이유는 무작정 다니기 싫다는 것이었다. 그러더니 집구석에 틀어박혀 플루트나 불

고 지내던 어느 날 내게,

"돈 3억만 주세요. 3억만 주면 집을 나가 독립해서 살겠어요. 더 이상 바라지 않겠어요."

하도 어이가 없어서, "아니, 돈 3억이 어디 있냐? 왜 좋은 회사는 그만두고 이 야단이니? 도대체 네가 정신이 있는 애냐!"라고 화를 내고 말했지만, 할아버지한테 상속받은 땅을 팔아서라도 돈을 달라는 것이었다. 감정이 복받쳐 때리고 크게 혼을 냈더니 이번에는 짐을 싸가지고 집을 나가버렸다. 내 인생에서 또 다시 좌절하고, 실패하고, 슬픔에 빠진 날이었다.

집을 나간 은정이는 수원에 있는 고모 댁에 기거하고 있었다. 그런데 어느 날 갑자기 결혼을 한다는 연락이 왔다. 그때는 내가 '직권남용권리행사방해죄'로 2심에서까지 유죄선고를 받고 직위해제 상태에서 심신이 피로하고, 나 자신 스스로 가늠할 수 없는 절망감에 하루하루 괴롭게 지내고 있을 때였다. 이같이 괴롭고 한스러운 시기에 시집을 간다니…. 더욱 놀라운 것은 상대 남자는 나와 초등학교 동창생의 아들인데 중견 중장비 기업체에 다니고 있는 사람이었다.

결국 나는 결혼식에 참석도 안했고 지금까지 만나지 않고 있지만, 언젠가는 그 아이도 내 마음을 이해할 수 있는 날이 오리라 생각한다.

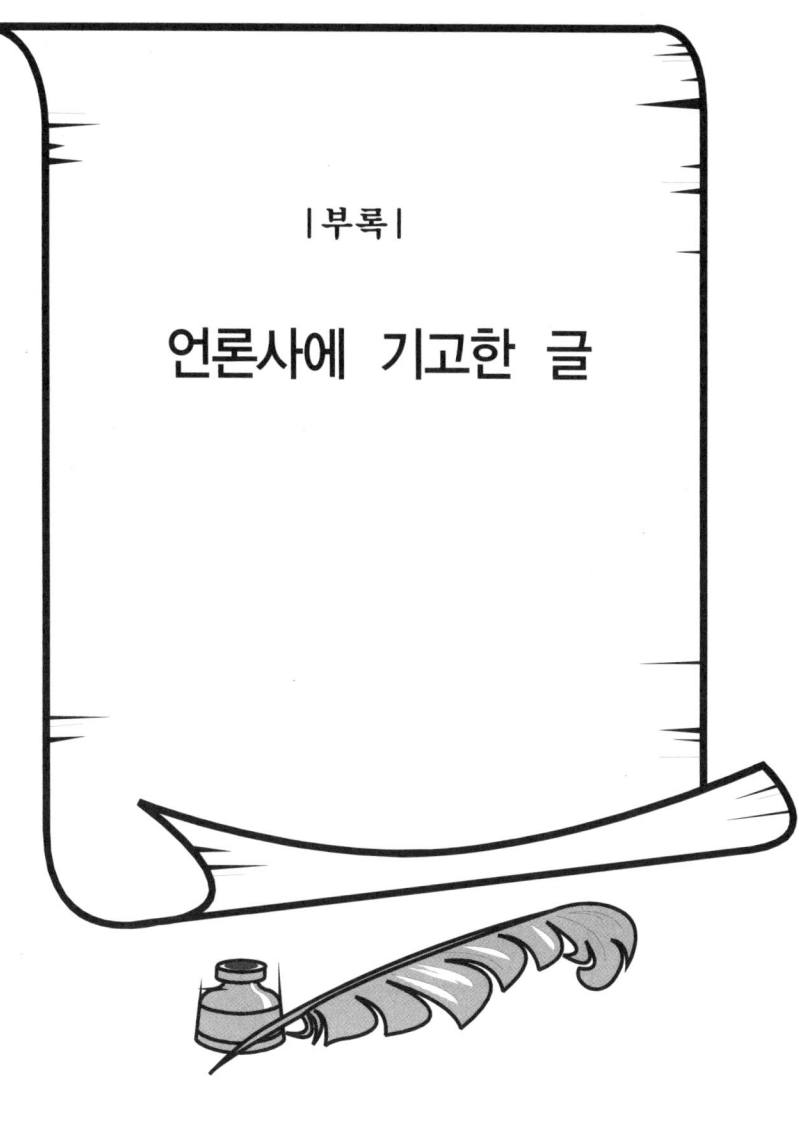

|부록|

언론사에 기고한 글

행정도 '벤치마킹' 시대

　동서고금을 막론하고 개인, 사회집단, 국가 등 모두가 끊임없이 경쟁해 왔으며 경쟁에서 이기기 위한 노력은 끊임없이 계속되고 있다. 이러한 경쟁에서 이기지 못한 조직과 국가는 쇠퇴하거나 흔적도 없이 사라져 버린 사실을 우리는 역사와 현실을 통해 흔히 볼 수 있다.
　그러한 예로 안이하게 호황을 누렸다가 비싼 대가를 치른 세계적인 유명한 복사기 제조회사인 제록스사를 소개한다. 제록스사는 1970년대 초반까지만 해도 복사기 제조사로서의 최고의 자리를 영원히 지키고 있을 줄 알았다. 그것도 그럴만한 것이 당시 미국 내 시장점유율이 80%나 됐으며 누가 감히 도전하리라 생각을 못하고 있었던 것이다. 그런데 70년대 후반들어서부터는 상황이 달라졌다. 갑자기 일본회사인 캐논사가 유사제품을 중저가로 시장을 잠식하기 시작했다. 기능과 디자인 그리고 성능까지 우수한 제품을 싼 가격으로 출고하니 제록스로서는 앞이 캄캄할 뿐이었다. 그 영향으로 시장점유율은 하루가 다르게 추락하기 시작했고 주가 또한 급격히 하락했다.
　회사는 눈앞에 닥친 이 난관을 극복하고자 노력했지만 결국 가격을 낮추는 수밖에 없다고 판단했다. 그러나 문제는 제록스사가 캐논사와 같은 가격으로 복사기를 만들 수 없다는 사실이었다.
　왜냐하면 제록스사가 아무리 노력을 한다 해도 생산원가가 이미 캐논의 출고가격을 훨씬 넘어서고 있었기 때문이다.
　이러한 상황아래 제록스는 무엇인가 큰 변화가 있지 않으면 안된다고 생각하고, 그 변화의 방향을 경쟁사인 캐논사로 정해 캐논사에게 무엇에서 뒤지고 있는지, 어떤 것이 앞서고 있는지, 어떻게 해야 우수한 제품을 만들어 보다 싸게 시장에 내어놓을 수 있는지, 비교적 시각에서 출발하기로 했다. 그리고 그러한 비교를 통해 자사의 잘못된 부분을 찾아내어 이를 하나 하나 개선해 갔다.

한편, 캐논사는 제록스사가 안이하게 호황을 누릴 때 경쟁대상으로 정하고 이를 따라잡기 위해 부단한 노력을 해왔다. 그 결과 성공을 거두어 이제 복사기 제조사로서 왕자의 자리를 차지하게 됐다. 제록스사로서는 기가 막힐 노릇이었다. 여하튼 제록스사는 옛 영광(?)을 되찾기 위해 노력을 하지 않으면 안되게 됐다.

그래서 군살을 도려내는 등의 조직개혁과 운영과정의 개선을 통해 생산원가를 낮출 수 있었고, 그것을 바탕으로 경쟁력을 회복할 수 있는 기틀을 마련하기 시작했다.

제록스사와 캐논사가 행한 위와 같은 노력, 즉 앞서가는 경쟁사의 잘된 부분을 판단의 기준점으로 정한 후 이러한 기준점의 입장에서 자사의 조직, 내부활동, 기능, 관리 능력을 평가하고, 이를 근거로 잘못된 부분을 지속적으로 개선해 나가는 노력을 흔히들 '벤치마킹'이라 부른다.

아직 벤치마킹이라는 용어가 우리 귀에는 생소하지만 서두에서 언급했듯이 우리는 알게 모르게 일생을 벤치마킹 속에서 살고 있다.

이러한 벤치마킹의 기법이 초기에는 민간기업에서 사용돼 왔다. 그러나 지금은 지방행정에도 강하게 불어닥치고 있는 실정이다. 그래서 경기도에서는 이인제 민선도지사 취임 직후부터 1계 1벤치마킹추진 방침에 의거 조직구성원의 창의성과 적극성을 제고해 도정을 지금보다 한단계 높은 차원으로 발전시켜 도정의 경쟁력을 높이고 행정서비스의 질을 향상하는데 목표를 두고 추진하고 있다.

현재 45건을 채택, 추진하고 있는데 앞으로 모든 공직자의 해외견학시 체계적이고 효과적인 비교 시찰이 돼 주변의 사소한 부분에서부터 벤치마킹과 연계하도록 했으며, 귀국 후 보고회를 개최해 1인 한가지씩의 벤치마킹 사업을 추진 관리할 계획이다.

이제 국제교류나 해외여행도 벤치마킹이라는 실익의 관점에서 새롭게 정립해야 한다.

〈새한일보〉 1996년 4월

어려운 경제시대에

1998년 6월 4일 지방선거로 온 나라가 한바탕 시끄러웠지만 선거가 끝나고 당락이 확정된 지금 모두가 차분하게 제자리로 돌아가 자기 일에 충실하고 있는 모습이 매우 아름다워 보입니다. 비록 일부 잡음이 없지는 않았지만, 승자든 패자든 서로가 축하와 위로를 하는 모습 또한 보기 좋았습니다. 우리나라의 선거문화도 이쯤이면 우등생은 될 듯싶습니다. 이제 선거로 야기된 앙금은 다 삭여버려야 되겠습니다.

이번 선거의 특징은 광역 및 기초의회 의원수가 상당히 줄어들었다는데 있습니다. IMF의 영향도 있었겠지만 소수 정예화하여 비용도 줄이고 능률적인 의정활동을 하자는 데 그 뜻이 있다고 보겠습니다. 국민의 한 사람으로서 흐뭇함을 느낍니다.

이번에 선출된 의원의 임기는 오는 7월 1일부터 시작됩니다. 각 자치단체 의회별로 의원수가 줄어든 만큼 본회의장과 상임위원회 회의실 등 현재의 좌석수를 혹시 현원에 맞게 개·보수를 계획하고 있을지 모르겠습니다.

여기에서 저는 현재 시설을 그대로 활용하자는 주장을 합니다. 그 이유는 첫째, 현원에 맞게 정리하면 나쁠 것이야 없겠지만 그 비용이 전국적으로 엄청날 것이고, 고가품의 집기를 안전하게 보관하기도 쉽지 않습니다. 장소 또한 여의치 않을 것입니다. 자치단체별로 조금씩은 다르겠지만 집기를 구입한지 3년 정도인데 몇 년 후 재사용하기 위해 안전하게 보관한다는 것은 그간의 실정으로 보아 용이한 일이 아닙니다.

둘째, 앞으로 4년이나 8년 또는 그 후라도 의원수가 증가하거나 감소될 때마다 뜯어고치는 것은 낭비라고 생각합니다.

셋째, 서구 선진국의 의회 회의장은 지정된 좌석 없이 먼저 도착한 의원부터 편리한 곳에 앉는다고 들었습니다. 우리 지방의회도 이번 기회에 편 가르기 식의 지정좌석을 없애고 자유스럽게 활용하는 것이 좋을 듯싶습니다.

이제 모두가 경제 살리기에 힘을 모을 때입니다. 조그마한 일부터 아끼고 절약하는 자세가 IMF 경제시대를 하루라도 빨리 벗어나는 지름길이라고 생각합니다.

〈중부일보〉 1998년 6월 13일자

효봉 스님과 과거사정리위원회

효봉 스님(속가명 이찬형)은 1888년 평남 양덕군 쌍용면에서 수안 이씨 부잣집 5남매 중 3남으로 태어났다. 어렸을 때부터 신동으로 불릴 만큼 재능이 뛰어났다. 스님은 평양고등보통학교를 거쳐 일본 와세다대학교 법학부를 졸업하고 고등고시에 합격하여 한국인으로는 최초로 판사가 되었다. 법관 생활 10년 되던 해 스님은 한 한국인 민족투사에게 사형선고를 내렸다.

그날 집으로 돌아온 스님은 똑같은 사람이면서 몇 줄의 법조문으로 감히 사람의 목숨을 빼앗는 '사형'을 언도할 수 있는가를 두고 며칠 밤을 뜬 눈으로 고민하였다. 스님은 인간의 허망하고 부조리한 삶에 깊은 회의를 느껴 고이 잠든 처와 자식들을 두고 야심한 시각에 담을 넘어 무작정 집을 나왔다. 스님은 엿장수를 하면서 전국 방방곡곡을 3년여 동안 방랑하다가 금강산 신계사로 들어가 스님이 되었다.

지난 1월 31일 진실·화해를 위한 과거사정리위원회가 1970년대 긴급조치위반 사건을 재판한 판사 492명의 명단을 공개했다. 그 명단에는 현직 대법관 4명과 헌법재판관 3명, 고등법원장, 법원행정처 고위직 5명 등이 포함되어 있었다.

당사자를 포함한 다수의 판사들은 당시의 실정법에 따라 판결한 것을 잘못한 것처럼 발표한 것은 옳은 일이 아니라고 발끈했다. 반면에 과거사정리위원회는 "공개 법정에서 이루어진 판결 내용은 비밀이 아니다."라며 "이름을 공개하지 않는 것은 오히려 비정상이다."라고 맞받았다. 양측 모두 자신들이 옳다는 것이다. 둘 다 맞는 얘기라고도 할 수 있다. 그런데 한 가지 공정하지 않은 점은 그런 판결을 하게끔 사건들을 기소한 검사의 실명들은 공개하지 않았다는 것이다.

효봉 스님이 잔혹한 일제하에서 민족의 독립을 위해 싸운 동포를 그 당시의 실정법에 의거 사형 판결을 할 수밖에 없었던 점을 우리는 어떻게 평가할 수 있을까? 세상 사람들이 모두 부러워하는 판사직을 헌신짝같이 버리고 속세를 떠나 일생을 회개하면서 보낸 스님이지만 실정법에 의거해 같은 동포를 사형토록 판결한 것 자체를 잘못했다고 단언할 수 있을까?

악법도 법인 이상 그 직에 있었던 판사가 판결한 것을 잘못된 것같이 매도해서는 안 될 것이다. 법원과 법관들도 명단 공개에 대하여 대죄를 지은 죄인 같은 모습을 보이는 것은 옳지 않다고 본다.

오히려 당당하게 임하는 법관이야말로 지금의 시대정신에도 판사의 독립성을 지키고 국민을 섬기는 법관으로 비춰질 것이다. 법관들이 진정으로 되새겨야 할 일은 하늘을 우러러 한 점 부끄럼 없는 판결을 하는 판사가 거의 없다고 국민들이 생각하고 있다는 점이다.

'무전유죄, 유전무죄' 라는 말이 아직도 실감나게 나돌고 있으며 판결에 불만을 품고 현직판사에게 석궁을 쏜 대학교수에게 힘을 실어주는 네티즌이 많다는 것을 법원에서는 고뇌해야 할 것이다.

현행 헌법에 명시되어 있는 양심의 자유를 명분으로 병역의무를 거부한 자들이 운 좋은 자는 무죄, 운 나쁜 자는 유죄 선고가 내려지고, 단 돈 일만 원을 받은 경찰관은 엄벌에 처해지면서, 검찰에서 수십 만 원에서 수백 만 원을 받은 혐의를 잡아 통보한 제 식구는 징계시효가 지나 처벌하기 어렵다는 판단을 내리는 법원에 대해 국민들은 좋은 시선으로 보고 있지 않은 것이다.

오죽하면 양형기준을 만들어야 한다는 얘기가 나오겠는가. 사법부는 스스로의 권위를 회복하고, 국민들에게 존경을 받기 위해서는 과거든 현재든 부끄럼 없는 판결로 역사의 평가를 받겠다는 자세를 갖기 바란다.

주간 〈시흥신문〉 2007년 2월 12일자

한·미 FTA 타결과 농·축·수산업

지난해 1월 18일 노무현대통령께서 신년 연설을 통해 미국과 자유무역협정(FTA)을 맺어야 한다는 발언이 나온 이후 14개월이 넘게 추진됐던 협상이 4월 2일 타결되었다. 협상에 임했던 대표단과 관계 모든 분께 그간의 노고에 경의를 표한다. 국가간에 자유무역협정을 체결하면 상품이나 서비스를 사고팔 때 부과하는 관세 및 각종 수입제한 철폐 등 통상이 자유화되어 관세율이 제로 수준으로 낮추어지고 무역장벽도 없어져 우리나라의 모든 산업 및 생산품들은 그야말로 무한 경쟁에 놓이게 되고 여기에서 이겨야만 살아남게 된다.

말 그대로 적자생존이다. 그래서 거대한 공룡 같은 미국과 연약한 토끼 같은 우리나라가 그들과 어떻게 경쟁할 수 있겠느냐면서 하루도 편한 날 없이 거리에서 미국과의 FTA 협상을 중지하라고 목이 터져라 외쳐대고 있다. 오죽하면 미국까지 원정 가서 FTA 협상을 중지하라고 하겠나. 더욱이 요즘 정치권에서 특히 일부 대권에 꿈이 있는 몇몇 사람은 아예 단식투쟁도 벌이고 있다. 전 국민이 미국과의 FTA 협상에 반대하고 있는 것 같은 느낌이 든다.

공룡과 토끼의 싸움이 공정하다고 믿는 사람은 아무도 없기 때문에, 그리고 한·미 FTA가 가져올 엄청난 파장을 염려하여 많은 사람들이 반대하는 것은 상식적으로 볼 때도 지극히 당연한 것으로 여길 수도 있다. 그러나 여기서 우리는 이성적으로 넓게 멀리 보는 혜안이 필요하다고 본다. 정글에서 살아남으려면 힘(기술)이 있어야 하듯 현재 잘되는 업종도 새로운 기술을 꾸준히 개발해야 살아남는다. 국제적 상황이 이러한데 반대만 외쳐댄다고 우리의 살길이 보장되는 것은 아니다.

이번 한·미 FTA가 체결된 이상 앞으로 피해에 대한 적절한 보상과 산업구조조정 정책을 통해 우리나라 경제의 전반적인 체질이 강화되고 효율성도 높아질 것으로 본다. 진정한 개방과 경쟁을 통해 우리나라 경제를 한 단계 업그레이드시켜 명실상부한 선진국이 될 수 있는 기회도 주어지는 것이다.

우리나라가 경제적 규모로 세계 10위권에 들어선 것은 국토가 크고 지하자원이 많아서가 아니라는 것은 우리 국민들 스스로도 인정하고 있는 부분이다. 냉정하게 생각해 보면, 미국이라고 해서 우리가 일방적으로 뒤처지고 있는 것은 결코 아니다. 섬유, 중소형자동차, 반도체, 통신기기 산업은 우리나라가 유리한 반면 농·축·수산업, 제약, 3차 서비스 산업 중 문화(영화), 법률 등은 상대가 안 될 정도로 취약한 것으로 보여 진다.

현재 우리나라가 전 세계적으로 경쟁력을 가지고 있는 주요 수출 대상품 및 산업들은 오히려 이번 한·미 FTA가 기회가 되는 반면, 상대적으로 경쟁력이 낮은 부분, 특히 농·축·수산업은 우리나라에 미치는 타격이 클 것으로 예상된다. 이는 미국의 농민 1인당 경지면적은 약 30ha로 우리나라의 0.5ha보다 무려 60배가 넓고, 쇠고기의 경우 미국산 냉장육은 절반 가격, 냉동육은 3분의 1에 불과함으로 쉽게 비교가 된다.

한·미 FTA 타결 이후로 정부에서 농업부분에 10년간 119조 원을 지원하고, 쇠고기와 쌀 수입에 부과되는 연 3천억 원의 관세를 피해가 예상되는 농·축산업 가구에 지원하고, 2013년까지 12조 4천억 원을 수산업과 어촌에 지원한다는 계획을 갖고 있다. 물론 금전적인 보상 및 지원을 통해 얼마만큼 실효를 거둘 수 있을지 단정할 수 없다. 그렇다고 마냥 손을 놓고 있을 수도 없는 정부로서는 어떻게 보면 할 수 있는 만큼 노력하고 있다는 모습일 수도 있다.

그러나 2003년 당시 한·칠레 FTA 협상(2004. 4. 발효) 당시에도 농업부분에서 상당한 타격을 예상하고 극한 반대와 논란을 거쳤지만 의외로 시장 및 관련 산업에서는 오히려 나름대로 경쟁력을 쌓고 새로운 상품을 개발하여 경쟁하고 있다. 물론 한·미 FTA는 기존 한·칠레 FTA보다 훨씬 더 강력한 파급력을 가지고 올 것이다.

그러나 어차피 우리가 개방하고 경쟁해야 한다면, 미리부터 겁먹을 필요는 없을 것이다. 미국산 쇠고기가 싼 값에 시장에 진입해도 국내산 한우를 찾는 사람들 또한 분명히 존재하기 때문이다. 이번 한·미 FTA 타결은 분명 우리에게 위기인 동시에 기회가 될 것이다. 따라서 앞으로 우리가 그들과 어떻게 경쟁할 것인지에 대한 치열한 고민과 노력 여하에 달려있다고 하겠다.

한·미 FTA 체결로 우리나라에 절대적으로 불리한 대표적 산업이 농·축·수산업이다. 대외경제정책연구원에 따르면 한·미 FTA 농업생산액은 1조 1,500억~2조 2,800억 원 줄어들고, 대신 수입은 1조 8,300억~3조 1,700억 원 늘어나게 된다고 보고 있다. 이로 인해 농업부분에서만 발생하는 실업자도 최대 7만~14만 명에 이를 수 있다고 봤다.

이를 노무현 대통령께서도 심각하게 받아들여 "쌀 개방만은 안 된다."고 한·미 FTA 협상을 시작할 때부터 국민에게 약속을 했다. 김종훈 한·미 FTA 수석대표도 쌀 문제는 이번 협상에서 전혀 언급하지 않았고 앞으로도 미국이 한마디도 못하게 하겠다는 강한 의지를 보였다. 덕분에 쌀 문제는 우리나라가 원하는 대로 됐다. 일본에서도 쌀 협상에서 한국정부가 승리했다고 보고 있다.

정부에서 한·미 FTA 협상에 농업부분에 대하여 그만큼 관심을 가져준데 대하여 감사하게 생각하지만, 다른 한편으로 보면 정부에서 농민에게 희망을 주고 잘 살 수 있도록 정책을 계획하고 집행하는지 의문을 갖지 않을 수 없다. 그 첫 번째가 농지매매를 어렵게 만들었다. 도시에 살면서 여유가 있거나 노년에 일거리로 농지를 구입해 농사를 짓고 싶어도 거주제한 등 조건을 붙여 사실상 농지를 구입할 수 없도록 했다. 물론 농지에 대해 투기를 못하게 하고, 실경작자만 농지를 소유하게 하려는 정부의 뜻은 이해할 수 있지만 불가피하게 농지를 팔려고 할 때 팔리지 않는 어려움을 겪고 있다.

두 번째는 세금 및 부담금이다. 2002년까지도 8년 이상 자경한 농지를 매각하면 양도세를 전액 감면 받았다. 그러나 현재는 세액에서 1억 원만 감액하여 주기 때문에 농민들의 세액부담이 날로 커지고 있다. 조상 대대로 물려받은 농지를 지키고 손익계산으로 보면 적자임을 알고도 농사를 지을 수밖에 없는 농민에게 농지를 매각할 때 엄청난 양도세를 부과하니 가족이 먹고 살만한 농지를 갖고 있는 대다수 영세농민은 한·미 FTA 체결보다 더 큰 걱정을 하게 됐다.

더욱이 국가에서 공공사업으로 강제 매입하는 농지에 대해서도 폭탄 투하하듯 양도세를 부과하고 있다. 특히 대한주택공사에서 추진하고 있는 장현 및 목감 택지개발지역 내 토지를 갖고 있는 주민에게 실거래 가격으로 양도세를 부과하기 때문에 세 부담이 클 것으로 본다. 주민들이 연일 개발 자체를 결사반대하며 양도세의 전액 감면과 현실가 보상을 주장하는 심정을 이해하고도 남는다.

양도세를 내고 나면 이곳에 같은 면적의 토지를 구입한다는 것은 현실적으로 불가능하기 때문이다. 또한 농지를 지목변경하면 농지전용 부담금을 부과하고 있다. 2005년까지 제곱미터 당 최고 1만 300원이던 부담금도 금년에 최고 5만 원까지 2년 사이에 무려 5배 가깝게 대폭 인상됐다.

농지전용부담금은 농촌기반공사에 입금되어 방조제 건설, 농지 기반 시설 등 농민을 위해 재투자한다고 하지만 이러한 사업은 정부 예산으로 하는 것이 옳다고 본다. 농민에게 농지전용부담금을 징수하여 그 재원으로 할 사업이 아니라고 본다. 그리고 농지인 전·답에 대해서만 지목변경에 따른 전용부담금을 내는 것도 형평성에 맞지 않다고 본다.

부록 | 언론사에 기고한 글

세 번째는 텃밭 등 농지에 얕은 울타리를 치고 닭, 오리 등 가축을 사육하여 농외 소득사업의 일환으로 농지를 이용할 경우에 농지로 인정하지 않아 공공사업으로 강제매수 될 때 보상비 책정에서 불리하고, 양도세에서도 기초금액 공제 혜택에서 배제되고 있다.

　쌀과 보리, 콩 등 농사만 지어서는 생계를 이어갈 수 없는 것이 농민들의 현실이다. 그래서 틈틈이 가축을 사육하여 소득사업 일환으로 농지를 유용하게 사용하고 있는 농민에게 커다란 부담을 주고 있어 농민들의 생활은 갈수록 쪼들리는 형국이다. 장현·목감 택지개발지구 내에 상당수 주민들이 이러한 불이익을 당하고 있다. 결론적으로 농민은 농지를 경쟁력이 없는 쌀과 보리, 콩 등 농작물만 경작하라는 무언의 강제를 하고 있는 것으로 본다.

　또한 대지, 주택 등 부동산을 매각할 때 양도세를 내야 하듯 농지를 매각 또는 협의 매각할 때도 양도세를 꼬박꼬박 내야 한다. 엎친 데 덮친 격으로 이번 한·미 FTA 체결로 힘없는 농민에게는 고통과 슬픔 뿐이다.

　정부에서 진심으로 농민을 위한 정책을 편다면 종전과 같이 농촌지역에서 8년 이상 자경한 농지를 매각하거나 공공사업으로 협의 매각할 때 양도세를 전액 감면해야 한다.

　또한 농지전용 부담금도 폐지하고, 농지를 가축사육 등 소득사업으로 이용할시 농지로 인정해주는 것만이 진정한 농민을 위한 정책으로 평가받을 것이다.

주간 〈시흥신문〉 2007년 6월 13일자

'숭례문님' 께

왜 이리 슬프고 비통한 마음이 지워지지 않을까? 아버님이 돌아가셨을 때의 슬픔과는 다른 비통한 마음이 며칠째 내 가슴을 억누르고 있다.

신문이나 TV뉴스에서 화마에 희생된 숭례문을 볼 때 억장이 무너지는 심정을 참을 길 없어 훌쩍이기 여러 날, 아직도 내 마음의 분통함을 설명할 길이 없다.

이 어찌 나만의 심정이겠는가? 7천만 우리민족 모두의 슬픔이다. 어찌하여 우리민족의 상징이요, 서울의 얼굴인 숭례문이 너무나 허무하게 그것도 한순간에 잿더미로 변할 수 있단 말인가. 도무지 믿어지지 않는다.

우리민족이 어떠한가? 이스라엘 국민성을 높이 평가하지만 한참 아래다. 세계사에 유례없는 경제대국 건설, 88올림픽의 성공적 개최, IMF때 금모으기, 2002월드컵 때 붉은악마 응원, 태안 앞바다 기름유출 제거 자원봉사 활동 등 세계가 놀라고 있지 않은가? 이처럼 위대한 우리민족이 소 잃고 외양간을 고치지 않는 우를 여러 번 반복했다.

이번 화제도 초기에 충분히 진화할 수 있었다고 본다. 현장에서 진화작업을 하던 소방관은 문화재청에서 국보급 문화재이니 손상되지 않게 진화하라는 통보를 받고 소신껏 불을 끄지 못한 것으로 알려졌다. 사실 여부를 떠나서 불이 훨훨 타는데 문화재가 손상될까봐 진화를 제대로 못했다는 것은 도저히 납득할 수 없는 일이다. 《손자병법》의 저자로 알려진 손무는 오나라 합려왕 앞에서 궁녀들을 상대로 군

사훈련을 하던 중 군령에 따르지 않는 왕의 애첩 두 명의 목을 베겠다고 하자 합려왕이 살려주라고 명령했지만 "장수가 전쟁터에 있을 때는 임금의 명령이라도 듣지 않을 수 있다."는 유명한 말과 함께 목을 베었다.

화재 현장은 전쟁터나 다름없다. 진화체계가 어떻게 됐던간에 600년을 우리민족과 생사고락을 함께한 숭례문이 훨훨 타는데 순진한 어린아이같이 행동했다는 것은 기가 막힐 노릇이다.

사건이 터질 때마다 다시는 유사한 일이 발생되지 않도록 하자고 수없이 다짐했지만 공염불이 됐다. 아~ 그러나 이제는 정말, 정말 잊지 말자.

그리고 부끄러운 일이지만 모두 기록하여 후손에게 낱낱이 전하도록 하자.

한편, 시간이 걸리더라도 철저한 고증을 거쳐 숭례문을 다시 세우자. 이것이 그나마 역사 앞에 속죄하는 길이다. 우리 곁을 떠나간 '숭례문님' 이여, '숭례문님' 이여.

주간 〈시흥신문〉 2008년 2월 18일자

삼성 특검을 지켜보며

연일 주요 뉴스에 빠지지 않고 나오는 삼성 특검에 대하여 어디까지 가게 되는지 궁금하면서도 한편으로는 걱정된다.

삼성하면 부정적 견해를 갖고 있는 사람도 있지만 대다수 국민들은 국가 경제에 커다란 기여를 하고 있으며, 미국·일본과 같은 선진국과 앞 다투어 기술 경쟁을 벌이고 있는 우리나라의 대표적인 글로벌 기업으로 자랑스러워하고 있다.

그런데 어찌하여 한솥밥 먹던 식구(직원)의 말 한마디에 창사 이래 최대의 위기를 맞고 있는 것인지 국민의 한 사람으로서 안타까움을 금할 길 없다.

일제 강점기에서 벗어나 대한민국이 건국되었으나 6·25사변과 정치적 혼란으로 빈곤했던 것이 반세기 전이다.

그러나 우리는 짧은 기간 내에 세계 10위권 안팎의 경제대국을 이룩하였으며, 그 바탕 위에서 88올림픽과 2002월드컵 같은 굵직한 국제대회를 성공적으로 치렀고, 2011 대구 세계육상경기대회 및 2012 여수 국제엑스포, 2014 인천 아시안게임 등 국제 대회를 유치했다.

이는 온 국민의 성원과 정부의 노력이 주효했지만 삼성 등 대기업들도 막후에서 유치 결정에 커다란 역할을 했다는 것은 다 아는 사실이다.

위와 같이 우리나라의 정치적인 상황과 굵직한 국제대회 유치 등에 기업인으로서는 억울하겠지만 무덤까지 가지고 가야 할 말 못할 고민이 있을 수 있다고 본다.

악질적이고 의도적인 불법행위는 기업인뿐만 아니라 누구라도 법의 심판을 받아야 한다. 그러나 환부를 도려내는 과정에서 생살을 건드리는 일은 없어야 한다.

안타까운 것은 삼성과 경쟁을 하고 있는 미국, 일본 등 선진국에서 삼성에 관한 특검 내용이 발표될 때마다 쾌재를 외친다고 하는데 대한민국 국민이라면 그들이 왜 웃고 있는지 곰곰이 생각해 봐야 하지 않을까?

2002 솔트레이크(미국) 동계 올림픽 때 우리나라 김동성 선수가 당연히 금메달을 가슴에 안고 애국가가 우렁차게 울려 퍼져야 함에도 실격 처리되고 자국의 아폴로 안톤 오노를 우승자로 판정한 일이 있었다.

홈경기의 이점과 자국의 이익을 위해 노골적인 편파적 심판에 우리는 강력 항의했지만 그들의 귀에는 소리 없는 메아리로 관심조차 없었다.

가장 공정하고 깨끗해야 할 스포츠 경기까지도 강대국들은 자국의 이익을 위하여 신성한 스포츠 정신도 헌신짝 버리듯 훼손하는 경우를 쉽게 봐 왔다.

삼성 특검이 국익에 도움이 되도록 매듭지어 지기를 바란다.

주간 〈시흥신문〉 2008년 3월 3일자

한반도 대운하 프로젝트

나는 한마디로 한반도 대운하 사업을 찬성한다. 이유는 간단하다.

대운하 사업 같은 대형 국토개발 사업이 추진되면, 건설업 및 이와 관련된 연관 산업이 활발해지며, 고용이 창출되어 현재 침체되어 있는 내수경기가 살아나 국가 경제에 미치는 파급효과가 매우 클 것이기 때문이다.

그러나 현재 대운하 프로젝트는 긍정적인 효과와 더불어 경제성의 불확실성 및 환경 파괴 우려 등의 부정적인 효과 사이에서 각계 전문가 및 정부, 정치권 내에서 치열하게 대립하고 있는 문제이기도 하다.

1930년대 세계 대공항을 맞은 미국은 테네시강의 개발 프로젝트를 추진하여 국가에 의한 유효수요의 창출로 완전한 고용으로 소득이 증가하고 소비가 늘어나 내수가 살아나게 했고, 댐건설로 인한 풍부한 전력과 산업 용수를 제공하여 국가 경제에 큰 도움을 주었다.

이는 미국이 세계 대공항을 탈출하기 위해 추진한 뉴딜 정책 중 큰 파급효과를 가져온 대형 프로젝트 중 하나였다.

지금 우리나라가 그와 같은 상황은 아니지만 미국 경제의 불안 등 세계경제가 매우 어려운 여건에 있고 수출의 비중이 큰 우리나라는 이러한 세계경제 상황에 영향을 받아 최근 경상수지 적자가 늘어나고 있으며 내수 또한 침체되어 있는 상황이다.

따라서 이렇듯 어려운 시기에 단기적으로는 위축된 경제 환경 및 내수시장 활성화를, 중장기적으로는 효율적인 물류 인프라 구축으로 인한 국가적인 비용 절감 차원의 효과를 위해서도 한반도 대운하 사업은 꼭 해야 한다고 본다.

대운하에 반대하는 분들은 주로 환경 파괴, 경제성, 식수오염 문제를 제기하고 있다.

경제성은 물류비용만 계산할 것이 아니라 완공 후 관광산업에 따른 수익과 지방경제에도 큰 몫을 하는 등 여러 가지 관점에서 접근할 필요가 있으며, 첨단 기술로 만들어진 선박을 통해 운행 및 관리 등이 잘 지켜진다면 수질오염에 대한 우려도 지나치다고 본다.

특히 문제가 되는 것이 환경 파괴인데, 현재 우리는 많은 반대를 무릅쓰고 추진한 새만금 사업을 '세계 최대의 환경 파괴 사업'이라고 기정사실화하는 분위기이나, 돌이켜 보면 우리나라는 지금까지 경부고속도, 경부고속철도, 청계천 등 대형국책 사업에 극심한 반대를 무릅쓰고 추진하지 않은 예가 없다.

하다못해 중앙정부와 지방자치단체에서 추진하는 사업마다 반대하지 않은 사업이 없을 정도다. 그러나 아이러니하게도 이러한 반대를 무릅쓰고, 독선과 오만의 비판을 들으며 추진한 사업은 모두가 성공했다.

그리고 더욱더 문제가 되는 것은 이러한 환경문제로 추진하지 못한 사업들이 향후 국가적인 위기 상황을 초래할 수도 있는 심각한 결과를 초래할지도 모르는 범위에까지 영향을 미치고 있다는 점이다.

그 예가 유엔에서 물 부족 국가로 지목받은 우리나라가 국민의 정부 때 동강댐 건설을 환경 파괴가 된다는 반대에 부딪혀 포기했다.

댐을 건설하는데 불가피하게 환경 파괴가 일부 될 수도 있겠지만 그렇다고 우리가 댐을 건설하지 않아도 충분히 물 부족 없이 살 수 있는지, 혹은 이를 대체할 다른 방안을 내놓기라도 했는지 묻고 싶다.

지하자원도 태부족한 나라에서 국토라도 효율적으로 경쟁력 있게 개발해야 하지 않겠는가?

지금 우리가 고민해야 할 것은 대운하 사업에 반대하는 것보다, 그것이 가져올 파급효과에 대한 정확한 연구 및 분석 등을 통해 대운하를 가치 있는 사업 및 국가 미래 성장 동력으로 키워나갈 수 있도록 다 같이 협력하는 것이 매우 중요하다고 생각한다.

주간 〈시흥신문〉 2008년 5월 5일자

독도는 우리땅

드디어 올 것이 왔다. 일본의 일부 우익단체 및 몇몇 장관들과 총리가 기회 있을 때마다 독도가 일본 영토라고 망언을 하더니 이제는 정부 차원에서 노골적으로 중등교과서 제작 지침서에 자기네 영토라고 주장하고 나선 것이다. 그동안 있었던 망언과는 차원이 다른 망발이라고 본다.

정신질환자가 주기적으로 발작하듯이 잊을만 하거나 우리나라의 정치적 상황의 약점을 봐가며 망언의 수위를 높여가고 있다. 심지어 아주 의도적으로 물러날 것을 작심이라도 한 듯이 독도가 자기네 영토라고 망발을 해놓고 우리나라 국민들의 들끓는 여론에 한발짝 물러서는 듯 관련 장관을 해임하는 수법으로 야금야금 수위를 높여가고 있다.

일본 총리의 망언도 위험수위를 이미 넘었다. 2000년 9월 모리 요시로(森喜郎) 일본 총리가 KBS와의 인터뷰에서 김대중 대통령과 정상회담을 앞두고 독도는 일본 영토라고 망발한 것이다. 그 전에는 의회에서 의원들의 질문에 틀에 박힌 정도의 답변을 했을 뿐이다. 우리나라 국영방송을 통해 노골적으로 망발을 했다. 그럴 때마다 우리나라는 분통나게 대응했다. 그냥 넘길 일이 아님에도 정부에서는 우리가 독도를 실효지배하고 있는 만큼 괜한 파문을 불러일으킬 필요가 없다는 입장으로 어물쩡 넘어갔다.

우리나라 장관님 중에 독도가 우리나라 영토라고 강력하게 발언하여 일본 정부나 국민들로부터 지탄받아 중도 하차하는 장관님을 눈을 씻고 봐도 없었다. 물론 강경 일변도가 능사는 아니다. 그러나 새로운 정부가 들어서고 새로운 장관이 임명되면서 독도 영유권에 대하여 확실히 해두었다면 이번과 같이 노골적인 망언은 나오지 않았다고 본다.

이번 일을 거울삼아 정부에서는 독도를 역사적, 국제법적, 지정학적으로 우리나라의 고유 영토라는 것을 연구하고 지키는 독립된 위원회를 만들어, 정권이 바뀌어도 항구적으로 존속되는 위원회를 설립하기 바란다. 그 많은 위원회가 있지만 정작 필요한 위원회는 독도를 전문적으로 다루어 언제든지 일본과 국제적으로 분쟁이 있든 없든 명쾌하게 대응할 수 있는 위원회가 아닌가 싶다. '학계의 독도지기' 원로이신 신용하 교수님도 "독도 영유권 문제를 계속 이어갈 후속 연구자가 없어서 큰일이다."라고 오래 전부터 걱정을 하셨다.

주간 〈시흥신문〉 2008년 7월 21일자

혈세가 낭비되는 도로건설

　39번 국도 우회도로 건설이 한창 진행되고 있다. 1,568억 원의 예산으로 2005년 6월 착공, 2010년 6월 개통될 예정이다. 도로는 사람의 혈관과 같은 역할을 하기 때문에 필요에 따라 적절하게 건설되어야 한다. 그러나 현행 도로 중에 시급히 확·포장해야 할 곳을 제쳐두고 수년 후를 대비하여 도로를 건설한다는 것은 매우 잘못된 일이다. 또한 도로는 바둑판이나 거미줄같이 체계적이고 균형 있게 건설돼야 하는데 대추나무에 연 걸리듯 건설되어서는 안 된다.

　필자는 현직에 있을 때 본 도로를 설계시부터 반대했다. 그 이유로 첫째, 부천 방향 은행·신천지역 교통체증은 심하지도 않을 뿐 아니라, 그 원인이 부천지역에 있기 때문이다. 둘째, 호주벌은 농업진흥지역이 아니라 언제 개발될지 모르는 가용용지로 볼 수 있기 때문에 수년 후라도 개발이 된다면 시에서 수천억 원의 혈세를 쏟아 부으면서까지 건설할 필요가 없다고 보았기 때문이다.

　그 외에도 '하중동의 39번 국도, 39번 우회도로, 인천-시흥(하중)간 도로', '안현동의 42번 국도, 39번 우회도로, 제2경인고속도로', '목감동의 42번 국도, 397번 지방도, 서울외곽순환고속도로, 서해안고속도로, 제3경인고속도로', '금이동의 42번 국도, 397번 지방도, 서울외곽순환고속도로'가 각각 밀집되어 서로 엉켜있다. 앞서 언급했듯이 주요 간선도로는 바둑판 또는 거미줄같이 체계적이어야 하는데 일부 지역에 편중된 도로 구조는 난개발이라고 본다. 문제는 또 있다. 고속도 등 교차 지점을 모두 입체화해야 하는데 고속도 지점만 단순히

Over~Under하도록 되어 있을 뿐 나머지 도로는 평면 교차토록 되어 있어 먼 훗날을 생각지 않고 있다.

　필자가 1993년 시흥시 지역경제과장 재직시 현 서해대로가 예산부족으로 42번 국도와 평면 교차토록 되어 있는 것을 발견하고 인기 탤런트이며 당시 도의원이던 한인수 씨께 요청하여 경기도청으로부터 예산을 추가로 지원받아 고가도로로 건설토록 한 것은 15년이 지났지만, 지금도 모든 시민들이 매우 긍정적으로 평가하고 있다.

　한 가지 더 큰 문제는 39번 국도 우회도로를 왜 지나치게 높게 건설하는지, 고가교공법이 아닌 성토공법을 택했는지, 인천~시흥(하중) 간 2차 구간 도로건설을 어떻게(Under? Over? Grade Crossing?) 처리할 것인지 등등 걱정되는 문제들이 많다.

　그러나 다행히 현재 치유가 가능한 것이 있다. 그것은 바로 도로의 높이를 최대한 낮추는 것이다. 1미터만 낮추어도 수십억 원의 혈세가 절감되고 또 그렇게 절감된 예산으로 교차지점을 입체화한다면 혈세가 아깝지 않을 것이다.

주간 〈시흥신문〉 2008년 7월 28일자